夢の猫本屋ができるまで
Cat's Meow Books

井上理津子　協力 安村正也

Cat's Meow Books

SPACE
METAL CATS
MEN CATS
Lorenyans
Deep NEKO-BON
クリムトと猫
STEINLEN CATS
めがねこ
CATS in ART

宇宙のふしぎ
SPACE
宇宙のことは、
わたしにきいてくれたまえ!
STAR TREK
CATS

Cat's Meow
Books
ON
CATS
Deep
NEKO-BON

07 三軒茶屋

夢の猫本屋ができるまで
Cat's Meow Books

井上理津子　協力 安村正也

はじめに――キャッツミャウブックスへようこそ

すっくと聳《そび》える二七階建てのタワービルの周りに、しゃれた店もレトロな店も混在する商業エリア・三軒茶屋《さんげんぢゃや》（世田谷区）の地上駅から、二両編成の東急世田谷線に乗る。とたんに高い建物が視界から消え、空が広くなる。車窓に現れる小ぶりな住宅や低層のマンションが広がる光景がなんともいい。わずか一分で西太子堂《にしたいしどう》駅に着く。

喫茶店の一軒もパン屋さんの一軒もない駅前から、車一台が通れるかどうかの小道をゆっくりと二分ばかり歩いたところに、一〇坪ほどの白い家が建っている。「キャッツミャウブックス」。二〇一七年の夏にオープンした、猫の本の専門店だ。

軒先に店名のロゴが描かれた小さな看板や、入り口に営業時間などが書かれた、やはり小さなボードが目につき、出窓に絵本がディスプレーされているものの、まったく本屋さん然としていない。裏道に回れば、窓ガラス越しに、猫たちが床に寝ころがっているのが見えたりする。

あまりにも住宅街に溶け込んでいるから、最初に訪れた日、正直「大丈夫かな」と思った。出版不況だの、町の本屋さんが激減しているだのという話題に事欠かない中での、「初めて本屋します」「出版関係で働いたことありません」という店主による新規オープン店である。

実は、わたしは夕刊紙の連載で、この五年間、首都圏の新刊店・古書店合わせて約二五〇軒の本屋さんを取材してきた。それらをまとめた『名物「本屋さん」をゆく』『すごい古書店　変な図書館』も上梓した。猫の本といえば、神保町（千代田区）の「にゃんこ堂」が有名で、取材にも行ったが、あちらの立地は本の街の真ん中だし、一般書を長く商ってきた本屋さんが店内に猫の本を集めた〝書店内ショップ〟だ。キャッツミャウブックスのような先例は、聞いたことがない。

ところが、である。

わたしは犬派なので、初めのうち意外だったが、世には「猫好き」な人がことのほか多い。「町の本屋さん好き」な人もずいぶんいる。通うほどに、かなり「大丈夫」なのだと分かってきた。店主の安村正也《まさや》さんは四九歳からこの店を始めた。「ぼく、ビールと本が大好きで。ここは、自分が心地よい空間なんです」と言う。そんな安村さんの思いにシンパシィを感じている人たちが、ぽつりぽつりとやって来る。ときにはどっと集まる。カフェも併設しているので、コーヒーやビールを飲みながら、ゆるりと本を選ぶこともできる猫本屋さんは、デメリットをメリットに変える力を持っているようだ。

店内に入ると、猫の写真集やイラスト集、絵本がまず目に飛び込んでくる。大人気の動物写真家・岩合光昭《いわごうみつあき》さんの作品もある。しかし、表紙が見えるように面陳列《めんちんれつ》されたほとんどが、わたしには初めて出会うものだ。肉球で耳を掻くドット柄の猫が写った『世界の美しい野生ネコ』、イケメンとふさふさ毛の猫がくつろぐ『MEN WITH CATS』、黒色の背景に若干の濃淡が輪郭を示す『魅惑の黒猫』、白い猫が一本足で踊るように立つ『猫楽園』……。

平台《ひらだい》（本や雑誌を平積みにする台）に目を落とすと、でもね、尖っているわけではないのです、といわんばかりに、「猫ぐらし」「猫のまちがいさがし」といったタイトルの雑誌やムック。『ねこのおてて』『へん猫』『必死すぎるネコ』など、そういえば大型書店でも見かけた気がするビジュアル本やエッセイがてんこ盛りだ。その間に、嵐山光三郎の『猫のほそ道』の文庫本なんかが大きな顔をして、はさまっているのも面白い。壁際の棚には、猫が出てくる古今東西の小説、紀行から博物誌まで、単行本がずらりと並ぶ。

そこまでが新刊書エリアで、ビールサーバーを横目にレジのカウンターに沿って店の奥へと進み、格子戸を開けると、真ん中に大きなテーブルと椅子を配した八畳ほどの部屋がある。古本が中心で、右の棚を見ても左の棚を見ても、猫・猫・猫の本。八割ほどが、タイトルにずばり「猫」が入った本、残る二割ほどが、記されていないが「猫が出てくる」本のようだ。よく見ると、一並びが「食」だったり、「恋」だったり、「身体」だったり、「不思議」だったりのテーマで、隣の棚に自然とつながっていく、たぶん凝りに凝った独特の〝文脈棚〟である。ヘミングウェイも村上春樹も内田百閒《ひゃっけん》も潜んでいる。

目が合った『世界のいぬ★ねこインテリア』と『猫の歴史と奇話』を棚から取り出し、繰り返テーブルで広げていると、突然、私の足元に猫が一匹やってきて体をすりつけた。繰り返すが、わたしは犬派だ。けれども、そうか、この子はわたしのことが好きなのね、とまんざらでもない。よしよしと撫でると、気持ちよさそうな顔をするではないか。この部屋の本棚には、ところどころに丸い穴が開いているのだが、そこをするりとくぐり抜けてお散歩している猫がいるかと思えば、窓辺には、誰が来ようが我関せず、と決め込んだかのように、ひねもすのたりとしている猫もいる。実を言えば、猫たちがそんなふうに「ふつう」に店内で過ごしていることが、ここキャッツミャウブックスの真骨頂なのである。

「五匹いますが、ねこカフェではありませんからね、念のため」と安村さん。五匹とも保護猫で、「三郎」というキジトラくんが「店長」、あとの四匹は「店員」なのだと真顔で言い、「猫が本屋を助け、本屋が猫を助ける、という店です」ともおっしゃる。

むむむ、よく分からない——というあなた。この本を最後まで読んでください。

🐾 Cat's Meow Books店員猫紹介　by店主

三郎（♂ 16歳 キジトラ）

店長。この子がいなかったら「猫と本屋が助け合う」コンセプトは生まれなかった。15年間ニンゲン夫婦を独り占めしてきた年寄りのせいか、平成ギャル店員たちと話が合わない。たまに2階から1階店舗に向けて叱咤激励（?）の声を発し、店主（ニンゲン）に抱かれて巡回に降りてくることもある。

Dr.ごましお（♂ 享年2歳 ハチワレ）

永遠の初代番頭。オープン前、「本と猫が共に遊んでいる」空間のアイデアを伝えるとき、店主の想像の中でいつもこの子が本棚の間を行き来していた。レジ横に掲げられたフレームの中から、今日もお客様にごあいさつしている。

チョボ六《ろく》（♀ 3歳 キジシロ）

店員猫におけるお姉さん格。普段はツンデレで冷静にニンゲンの言葉を聞いているが、夕食タイムが近づくと店内を反時計回りで何周もし始める。本棚の間のキャットウォークや2階の自宅へ繋がる穴などを店に着いてすぐに見つけたり、読太に格子戸の開け方も教えたりする頭脳の持ち主。

さつき（♀ 3歳 クロ）

他の子が寝ている場所でも気にせず上からかぶさって寝るような天然ちゃん。甘えん坊でお客様にもすぐにお腹を見せる。腰をポンポンされるのが大好き。黒猫なのに首筋に生えている白い毛が月を追うごとに増えている。毛繕いをあまりしないのが難点。

読太《よんた》（♀ 2歳 キジトラ）

クラウドファンディングのリターンとして、エア飼い主さまにご提供した命名権により男の子の名前になったが、そのヤンチャぶりで名は体を表している。ニンゲンが何かをやっていると必ず参加してくる「かまってちゃん」で、イベントの写真には必ず邪魔をする姿が残されている。

鈴《すず》（♀ 2歳 キジトラ）

カメラを向けるとジッとしているので、メディアへの登場機会が最も多い当店のフォトジェニック。読太と似ているが姉妹ではなく、性格も正反対のお姫様。お客様の膝へ自ら乗って接客することもあり、特に男性のファンを拡大している。

（年齢は2018年7月現在）

夢の猫本屋ができるまで Cat's Meow Books

もくじ

はじめに――キャッツミャウブックスへようこそ……2
Cat's Meow Books店員猫紹介……7

第1章 キャッツミャウブックスができるまで［プラン完成編］

本と猫とビール――着想からプランニングの大枠……14
本屋への布石はビブリオバトル？……21
救えなかった猫たち――保護猫へのこだわり……29
「猫を迎えるなら、保護猫から」
啓発×ソーシャルビジネス――LOVE & Co.……35
初代番頭猫との出会いと別れ……46

古本屋ではなく、新刊も扱う「本屋」になりたい……52
「本×○○」なら食べていける——本屋B&B・内沼晋太郎さん……59
五〇歳を前にパラレルキャリアを選んだ理由
——年齢的「もやもや」……64

第2章 キャッツミャウブックスができるまで［具体的準備編］

賃貸ではなく自宅兼店舗にするメリット……72
試行錯誤の資金計画——マイナス思考を避けてシミュレーション……76
商標登録しよう！……82
物件も「猫がつないだご縁」から……85

資金問題とクラウドファンディング……91
「猫がいる本屋」のための特殊なリノベーション……104
「猫の足あと、つけちゃおう」
——予期せぬ事態を乗り越えたＤＩＹと遊び心……110
大手取次を介さずに新刊書を仕入れるには
——直取引、神田村、小規模取次……118
四匹の店員猫たちは「りんご猫」——ネコリパブリックとの出会い……125
ネット時代の開業ＰＲ戦略
——ＳＮＳ使い分け、プレスリリース配信、取材対応……133
オープン前夜……137

第3章 いざ開店！ 理想と現実

棚がスカスカ!? ——開店当日のこと①……142

やってみないと分からない——開店当日のこと②……147
「悔しかった」——開店時の自己評価とお客さんの評価……152
ネットを見ないお客様にどう情報を伝えるか
——緊急臨時休業で学んだこと……160
新刊を売ることの難しさと本屋の醍醐味……166
古本値付けのポイントは「付加価値値付け」……171
ＰＯＰではなく棚の「物語」でアピールする……176
集まってくる「猫族」たち……183

第4章 進化する本屋さん

メディアに載るということ……190
インプットとアウトプットのバランス……193

十人十色の「本屋時間」――ある日のお客さんたち……197
猫本屋ならではのイベント開催……204
猫本ビブリオバトルに参加してみた①……213
猫本ビブリオバトルに参加してみた②……218
パラレルキャリアのメリットとデメリット……226
売上と損益、公開します……232
これからの本屋さん……238

店主おすすめ猫本コラム❶……244
店主おすすめ猫本コラム❷……246
店主おすすめ猫本コラム❸……248

店主あとがき……250
著者あとがき……252

第1章

キャッツミャウブックスができるまで［プラン完成編］

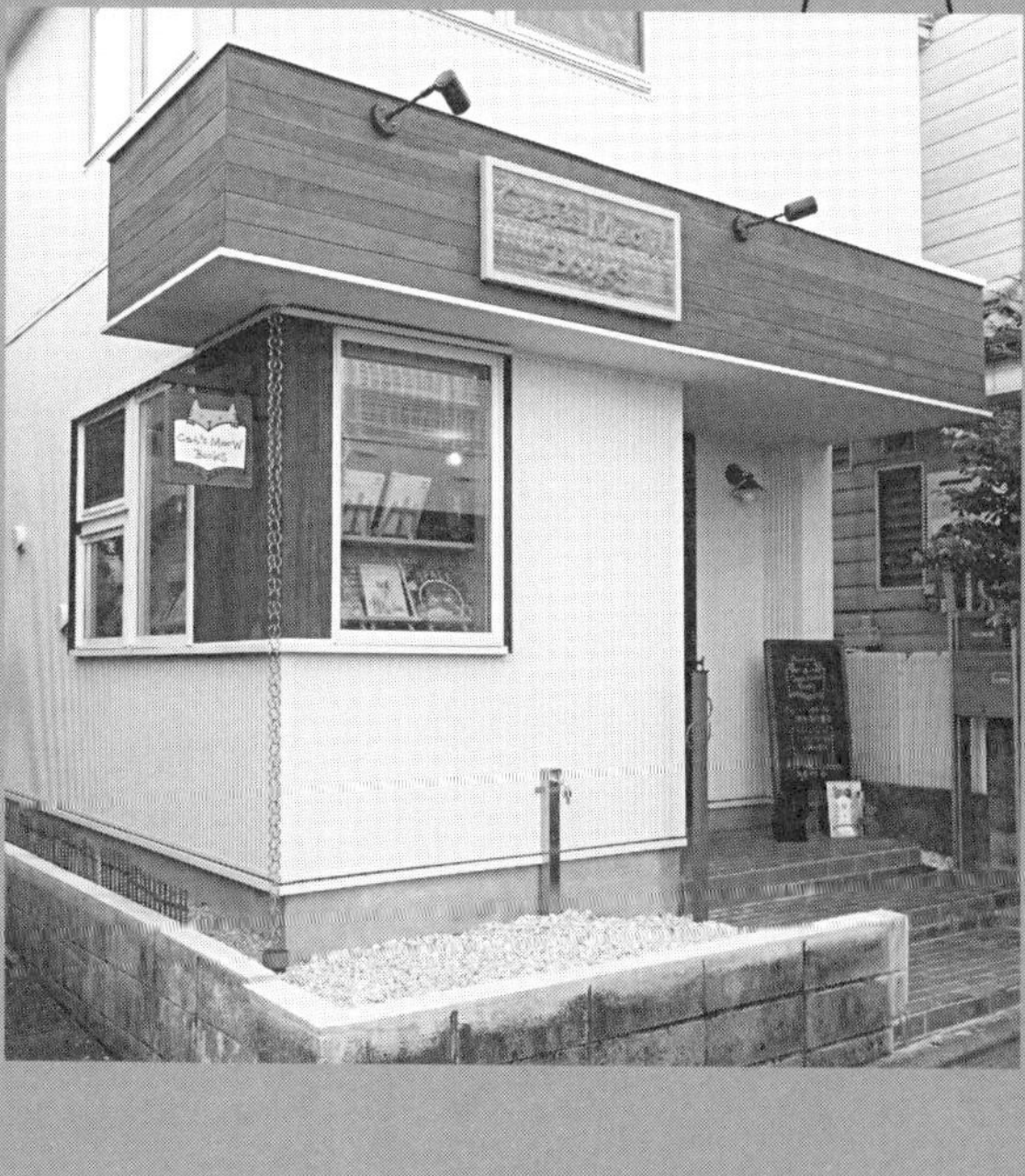

本と猫とビール――着想からプランニングの大枠

キャッツミャウブックスは、前代未聞の猫の本屋さんだ。

「はじめに」に書いたように、店主の安村さんは、「ぼく、ビールと本が大好きで。ここは、自分が心地よい空間なんです」とさらりと言う。ふつうは、言うは易く行うは難《かた》し、なのに。「猫が本屋を助け、本屋が猫を助ける、という店です」と、なんだかよく分からないことも口にする。どういう意味なのか。まず、キャッツミャウブックスの着想経緯をさくっと聞いてみた。

――いつから、猫の本屋さんを開こうと構想していたのですか？

安村　六、七年前からなんとなく考えていましたが、具体的なプランを立てたのは、開店する一年半前、二〇一六年の春です。

――猫ありき、だったのですか？　本ありき、だったのですか？

安村　その両方と、ビールですね。いつかは、好きな猫、本、ビールに囲まれて暮らしたいと漠然と思っていました。

――夢物語みたいですが（笑）。

安村　そもそも自宅で保護猫を飼っていたことと、趣味でビブリオバトルを六、七年前からやっていたことが、ベースにあったからだろうと思います。今思うに、その頃から、いつか本に関わる仕事ができたらなあと潜在意識があったのかも。

――ビブリオバトル？　それは後で伺うとして、潜在意識が顕在意識に変わったきっかけは何だったのでしょう？

安村　おこがましいようですが、ビブリオバトルのおかげで、本についてはそれなりに知っているつもりでした。でも、あるとき、本の流通や本屋さんそのものについては知らないなあと思ったのが、きっかけといえばきっかけです。アンテナを張ると、本屋さん関係のトークイベントが結構行われているんですね。二〇一五年の冬ごろから、比較的新しくできた話題の本屋さんの主《あるじ》が登壇するトークを聞きに行くようになり、その延長で二〇一六年の春から「本屋入門」と「これからの本屋講座」を受講して、一気にプランが進み始めました。

――「本屋入門」というのは？

安村　赤坂（港区）の書店「双子のライオン堂」さんが、本屋に詳しいBOOKSHOP LOVERさんという人と共催する連続講座で、双子のライオン堂の店内で開かれました。受講者は一〇人ほどでした。書店員、大手取次の執行役員、作家、編集者らが本屋の現状について話してくれる座学編と、自分が期間限定で開くならどんな本屋を開きたいかを提示する実践編があったのですが、一番勉強になったのは、大手取次の執行役員の方の話です。本が、トーハンや日販《にっぱん》（日本出版販売）などの取次業者を経由して書店に並ぶという認識はあったものの、その内実はまったく知らなかったので。

――本屋さんの利が非常に薄いことに驚きませんでしたか。

安村　いえ、町の本屋さんがどんどん潰れていっている状況の中で、本屋が儲からないだろうということは分かっていたので、利が薄いのは想定内でした。ぼくがやろうとしている小さな店は、帳合《ちょうあい》（取次店の取引先）になれるとは到底思わなかったし、「あ〜、本の流通はそういう仕組みなんだ」と。

――取次の役割、出版業界の一般的な仕組みが勉強できたということですね。もう一つの「これからの本屋講座」というのは？

安村　下北沢《しもきたざわ》（世田谷区）の「本屋Ｂ＆Ｂ」の共同経営者で、ブック・コーディネーターの内沼晋太郎さんが、横浜・みなとみらいのシェアスペース「BUKATSUDO」で主宰されていた講座です。これの受講者は一〇人以上。隔週ごと全五回の講座のうち、最初のほうで内沼さんが出版業界の仕組みなどを一から一〇までレクチャーしてくださり、その後、自分がやってみたい本屋をプランニングしてプレゼンするという流れでした。

――その講座に行って、俄然エンジンがかかった?

安村　ええ。一回のレクチャーは、毎回四時間。後半が質疑応答の時間だったんですが、たぶんぼくが一番多く質問したんじゃないかな。それなりの受講料を払って行っているのだから、訊《き》かなきゃ損じゃないですか(笑)。あまりにたくさん質問しすぎて、何を訊いたか忘れちゃいましたが、他の人がした中で覚えているのは、「人気店の〇〇はいくらくらい儲かっているんでしょうか」というストレートな質問です。内沼さんの答えは、「あの店は〇坪で、蔵書は〇冊くらいだろうから、これくらい利益がないと成り立たない。だから、売上はこれくらいじゃないかな」というふうに具体的で、すごく勉強になりました。その後のぼくの柱になった四つの事柄は、内沼さんの著書『本の未来をつくる仕事/仕事の未来をつくる本』でも読んでいましたが、この講座でリアルに聞いて確証を得ました。

――柱になった四つの事柄? 聞いていいですか?

安村　①本だけを売っていても採算が取れないので「本×〇〇」の掛け算にし、その要素は、ありきたりのモチーフでないこと。②別の職業を持っていることを強みにし、しばらくその職業を辞めないこと。③メディアの取材記事にとりあげてもらいやすいように、コンセプトを固めること。④広報手段に、名刺、ロゴ、ウェブサイトを持つこと。この四つです。

――二つ目が、ちょっと分からないんですが。

安村　本屋だけで食べていくのは大変だし、しばらくは会社員としての収入があってこそ、精神的な余裕をもってやりたいことがやれるということです。

――なるほど。安村さんは今も会社員ですよね。会社員を続けながら本屋さんと両立させ、ご夫婦で切り盛りするという方法を選択されました。四つの事項とも、まさに今のキャッツミャウブックスそのものじゃないですか。

安村　まったく、そうです。しかも、店のプランニングも、ほぼこの講座のときにできあがりました。「本×猫」……猫の本専門の店を作り、保護猫に「看板猫」「店員」になってもらう。そして、店内で出すコーヒーも保護猫の活動をしている一般社団法人から仕入れ、本の売上の一部をその法人や、やはり保護猫活動をしている他の法人に寄付しようと考えたのです。

――「保護猫」が、キーワードですね。

安村　話せば長いんですが、うちで一五年間飼ってきた「三郎」が、母猫に育児放棄されてうちの子になった保護猫なので。

――キャッツミャウブックスという店名も、このときに決めたのですか？

安村　ええ。「キャッツ」と「ブックス」が、はずせない言葉ですが、もう一言、インハウンド（訪日外国人）の方々にもすっと分かる言葉をプラスしたいと思って、関連の言葉をひたすらネット検索したんです。でも、これという単語が見つからなかったので、「猫」のスラングを探してみました。すると、「cat's meow」というのが目に飛び込んできたんですね。meowは、日本語で言う「ニャー」。猫の鳴き声ですが、「cat's meow」と二単語くっつくと、「素晴らしい」「素敵な」「最高の」という意味になると知って、「これだ！」と。即座に決定しました。

――素敵な店名です。

安村　カタカナで「キャッツ」「ミャウ」「ブックス」と続けて書いても、間に小さい字がはさまっているため、例えば一語が「キャッツミ」であるはずがないと視覚的に分かると思うんです。なので、三つの単語の間に、点を入れたり空きスペースを入れたりしなくても、すっと読めるでしょう？

——確かに。内沼さんは、この本屋さんプランをどうおっしゃいましたか。

安村　ずばり「これはいけるような気がする」と評価してくださった。そして、保護猫のためになる本屋というのは、多くの人の共感を呼ぶはずだから、クラウドファンディングを利用して開業資金の一部を集めたらどうかとアドバイスももらいました。「これからの本屋講座」が終了した二〇一六年五月下旬、もう本気でやるしかなくなっていて、開店に向けて動き出しました。

安村さんが本屋開業を着想した経緯は、整理するとこうだ。

（1）ビブリオバトルが趣味だった
（2）いつか本屋をしたいと思うようになった
（3）（1）と（2）が醸成され、話題の本屋のトークを聞きに行った
（4）「本屋入門」「これからの本屋講座」を受講した
（5）「これからの本屋講座」の中で、「本×猫」を軸に自分が開く本屋をプランニングした
（6）「本屋B&B」の内沼さんにアドバイスをもらい、開業への道を歩み出した

右記の内容を確認しつつ、キャッツミャウブックスの開店までの道のりをたどっていこう。

本屋への布石はビブリオバトル？

ビブリオバトルとは、「知的書評合戦」とも言われる。

（1）発表参加者が読んで面白いと思った本を持って集まる
（2）順番に一人五分間で本を紹介する
（3）それぞれの発表の後に、参加者全員でその発表に関するディスカッションを二、三分行う
（4）すべての発表が終了した後に「どの本が一番読みたくなったか？」を基準とした投票

を参加者全員で行い、最多票を集めたものを「チャンプ本」とするというゲームである。ビブリオは書籍を表すラテン語由来の接頭辞、バトルは戦いを意味し、直訳すると「本を使った戦い」。造語だ。立命館大学情報理工学部教授の谷口忠大《ただひろ》さんが生みの親であり、名付け親でもある。

ビブリオバトル普及委員会（理事・代表＝皇學館大学文学部准教授岡野裕行《ひろゆき》さん、理事・事務局長＝谷口さん）という任意団体があり、同会のウェブサイトと、谷口さん著『ビブリオバトル』（文藝春秋）によると、二〇〇七年に京都大学大学院情報学研究科共生システム論研究室に着任した谷口さんが、新しい有志ゼミを立ち上げるにあたって考えたのが始まりだそうだ。経営学や組織論といった分野であるため、「ケーススタディのようなものが重要で、雑多に本を読む必要がある」と思い、「いい本に出会う仕組み」として、みんなが探してきた本を紹介し合うことにし、ビブリオバトルの原型ができた。アカデミックな場で、勉強会の一方法として静かな広がりを見せるうちに、大阪大学の学生団体が、大学外の人も巻き込むイベント型で開き、それに紀伊國屋書店の営業担当者が興味を持った。紀伊國屋書店本町《ほんまち》店（大阪市中央区）で開催されたのをきっかけに、二〇一〇年頃から一般に広がったという。

安村さんと知り合うまで、わたしは「近頃、本を紹介し合うイベントがあるらしい」くらいの認識しかなかったのだが、不覚だった。ビブリオバトルの広がりは「爆発的」といえるほどのようだ。

コレという本を読むと、人に紹介したくなる。紹介したからには、「その本、読みたい」と思ってほしい。そんな本好きの人の気持ちをわしづかみにし、聞いている人たちとコミュニケーションが広がることへの共感性も高かったのだろう。全国の、といっていいほどの書店、カフェ、古民家、図書館、小中学校、高校などで開催され、社会人、大学生、地域などバトラー（ビブリオバトルの発表者）の属性別の全国大会もある。ＮＨＫの番組もある。関係図書も一〇冊以上出版されている。

安村さんは、もとより文化史、社会史など、曰く「あまり一般的でない本」が好きで、「週に二冊ペース」で読んできたという。バトラーになったのは、二〇一一年から。「妻が勤めていた図書館の同僚に、ビブリオバトルを熱心にやっている人がいて、その人に誘われたのがきっかけ」とのことだが、ハマった理由を聞くと、

「う〜ん、大学時代に演劇をやっていたからかもしれないですね」

母校は慶應だが、在学中に明治大学の「セルフ23」という状況劇場の流れをひくアングラ劇団に属していた。セリフ回しはお手のもので、舞台に立ち、スポットライトを浴びる面白さ、心地よさが体に入っていた。ビブリオバトルに出合ったときは、社会人になって演劇を〝卒業〟して二〇年近く経っていたが、人前に立ち、自分の好きな本を自分のスタイルと言葉で話したとき、当時の感覚が蘇《よみがえ》った。「これ、五分間の一人舞台だ」と感じたのだという。

初めてバトラーになったときに選んだのは、『猫ジャケ』（ミュージック・マガジン）。猫が登場する、ジャズ、ロック、ラテン、歌謡曲、童謡などさまざまなジャンルのレコードジャケットを数多く取り上げ、解説を加えた雑誌で、「素晴らしき〝ネコード〟の世界」がサブタイトルである。

猫本屋になったことと、初のビブリオバトルで猫本を紹介したことは、「まったく偶然です」と安村さんは笑うが、偶然が必然を呼んだのかもしれない。

「六年間で、一四〇回ほどのビブリオバトルに出ました」

どんな本を紹介してきたのか。

「サイがインドからヨーロッパに連れていかれたときのことを記した『サイのクララの大

旅行―幻獣、18世紀ヨーロッパを行く』とか、鉄条網が誕生してからの用途の変遷とその社会背景を描いた『鉄条網の歴史』とか、タブー視されていた時代から現在に至るまでの月経観や生理用品の諸相をまとめた『生理用品の社会史』とかいろいろですが、基本、ノンフィクションです」

五分間の発表には、あらかじめ原稿を書くのだろうか。

「初めのうちは書いていたんですが、五分話すためには、一〇〇〇字×六五行くらいの文章が必要で、すごく時間がかかるので、一、二年で書くのをやめました。骨格だけ考えておいて、その場の空気を読みながら何を話すか考えたほうが面白いんです。本番で、急に湧いてくる言葉もありますし」

さきほど聞いた「五分間の一人舞台」という言葉が、リアリティを帯びる。

「ビブリオバトルでこんなに満たされるとは思わなかったですね。おかげで、ポジティブになって、ネガティブなことを言わない人になったような気がします」

貴重な映像がYouTubeに残っている。二〇一四年五月一七日に開催された「第二回ビブリオバトル社会人大会決勝戦!!　at東京カルチャーカルチャー」だ。この大会は、関東各地の書店などでの予選を勝ち抜いた五人のバトラーが競い、チャンプ本を決めるもの。安村さんは前年の第一回大会のチャンプ本紹介者であるため、後半の第二ゲームに、書評家でノンフィクション書評サイト「ＨＯＮＺ」副代表の東《あずま》えりかさん、著作家・書籍デザイナーの早川いくをさん、編集者・文筆家の岡田育《いく》さんらと共にゲストとして出場している。

「ぼくは会社員で、普段はパソコンに向かう仕事をしているので、肩が凝ったとき、この秘密兵器を使うんです」と、どきりとするモノを見せて笑いをとるところから始まり、紹介するのは『ヴァイブレーターの文化史』（レイチェル・Ｐ・メインズ著、佐藤雅彦訳、論創社）という本である。

例のモノを手に、「この本によると、ヴァイブレーターは、れっきとした医療器具でして、原型は一八八〇年代の初めにイギリスの内科医によって発明されました」と意表をつく。著者は女性の研究者で、編み物や織物についての情報収集のために一九世紀末から二〇世紀初頭の女性向け雑誌を見ていて、ヴァイブレーターの広告が多く載っていたから、この研究をしたのだという。

「雑誌に広告が多いのは、よほど女性のニーズがあったからと思うでしょうが、そこに至るまでの歴史は、真逆でした」と続き、ここに書くのは憚《はばか》られる性的な単語も淡々と使って、ヴァイブレーター誕生の前史を説明し、「性欲の男性中心主義だったのです。性的欲求不満になった女性がヒステリーという病気とみなされ、医者らが性器をマッサージして治療する方法がとられたのですが、ヴァイブレーターはその医者の労働負担を軽減するために開発されたんです」。

マジですか、と思って聞き入っていると、江戸文化研究者で法政大学総長の田中優子さんの著書『張形《はりがた》——江戸をんなの性』（河出書房新社）も見せて、江戸時代の日本には、女性が主体的に自分で選び、使う道具が多様にあったのに、近代になって流入した西洋の価値観に置き換えられた——なんて話も飛び出す。「異性愛者の男性に、いかに自分の性意識が勝手なものなのかを知ってほしいし、女性にも共感を呼ぶ本だと思います」と締めた。

さすがだ。ツカミもロジックも構成も完璧な上に、結構早口なのに全部きっちりと聞き取れる。

わたしも時折、依頼を受けて新聞や週刊誌に書評を寄せるが、八〇〇字から一〇〇〇字の原稿を一本書くのに、丸一日かかる。いや、二、三日ひきずるときもある。本の内容の紹介と、自分の感想の配分に、いつも頭を悩ませる。内容のどの部分を抽出するか、自分の感想はブレていないか、読者に通じるだろうかと思い悩み、書いては削り、削っては書き、苦しむ。比して、その場で頭の中で臨機応変に〝原稿〟をつくるという安村さんの、なんと完璧なことか。恐れ入るばかりである。

残念ながら、このときのゲームでは、東えりかさんが紹介した長編小説『図書館の魔女』（高田大介著、講談社）がチャンプ本となり、安村さんは敗れたが、その東さんが言う。

「わたしは読者に本をすすめる訓練ができているプロなので、『勝つのは当たり前だろう』と書評仲間に言われましたが、ビブリオバトルは確かに知的で面白いゲームですね。もっとも、ビブリオバトルにも、勝つための〝傾向と対策〟があるようなんです。どんな種類の本を選ぶと受けるか、どういう話し方をしたら共感を呼ぶか。解説本も出ていて、そのノウハウに則《のっと》るバトラーも多いようですが、安村さんは違いました。読書量が多くて、ご自分が本当に面白いと思った本を、ご自分の言葉で話す人という印象でした」

安村さんが猫の本屋を開業したと東さんに伝えると、「特徴的な本屋さん、素晴らしい」と感嘆した上で、「会社員だと聞いていましたが、いつか何か本関係のことを始めるぞという思いを秘めてらっしゃるのではと思っていましたよ。本というもの全般への愛情あふれる人だと、端々に感じましたから」。

救えなかった猫たち――保護猫へのこだわり

もう一つの伏線「保護猫」と安村さんの関係は、一五年前にさかのぼる。

「キャッツミャウブックス店長の三郎の名前は、一郎、二郎がいたから三郎なんです」

安村さんの声が少しくぐもった。「一郎、二郎が死んでしまって……、結果として、ぼくたちは三郎しか助けられなかった」

こういうことだった。

当時、安村さん夫妻は、西荻窪（杉並区）の賃貸アパートに住んでいた。共用の中庭があって、そこに一匹の野良猫が子どもを産みにやってきた。その野良猫が産み場所としたのが、安村さん宅のすぐ前だった。段ボール箱を用意し、タオルを敷いてあげた。そこで、無事、三匹の赤ちゃん猫を産んだ。

「ところが、産んで何日もしないうちに、〝間男猫〟がやって来て、あろうことか、お母さん猫は育児放棄してソイツについてどこかへ行き、いなくなってしまったんです」

残された三匹の赤ちゃん猫は、まだ目も見えない状態だった。おっぱい欲しさに弱々しい鳴き声を上げ続けた。部屋にいても、鳴き声が聞こえる。安村さん夫妻は心を痛めたが、手を差し伸べることができなかった。そのアパートが「ペット禁止」だったからだ。

鳴き声は日に日にか細くなり、三日目に二匹の声になった。四日目には一匹の声しか聞こえなくなった。三匹のうち二匹が死んでしまったのだ。このままでは、残る一匹が死ぬのも時間の問題だ。いたたまれなくなった安村さん夫妻は覚悟を決めた。大家さんに内緒で家に迎え入れることにしたのだ。

「手のひらに載る大きさでした。（亡くなった）二匹は一郎と二郎。二匹を絶対に忘れないという気持ちで、三郎と名付けると妻が決めました。ぼくが、他のどんな名前を提案しても、却下された」と安村さんが言い、妻の真澄《ますみ》さんが、こう続ける。

「赤ちゃん猫って、本能でお母さん猫のおっぱいを吸うんでしょうね。子猫用の粉ミルクを買ってきて、ぬるま湯で溶いて作って、スポイトで口に入れてあげようとしても、三郎はなかなか飲んでくれなくて。抱っこも嫌がって」

お母さん猫のおっぱいの感触に似ているのか、三郎は自分の小さな手をチュッチュッと吸うばかり。不憫で、涙が出て仕方なかったという。一滴でも口に含んでくれたらと祈るような気持ちで、スポイトを三郎の口にあて続けたそうだ。

助けられないかもしれない、と半ば諦めかけた頃、三郎はスポイトのミルクを口にしてくれ、やがて哺乳瓶のちくびも吸い始めた。以来、夜中も起きて、二時間おきにミルクをあげ続けた。二〇日ほどして歯が生えてくると、今度は離乳食。人間の赤ちゃん並みのケアだ。手のかかる子ほどかわいい――と言われるが、そんな心持ちだったのかもしれない。三郎は家具で爪を研ぎ、ぼろぼろにした。ティッシュペーパーも箱から次々に取り出してはぐちゃぐちゃにした。「ずいぶん手を焼きました」と安村さんも真澄さんもうれしそうに話す。しかし、三か月ほどして、いつまでもアパートの規定を破っているわけにはいかないと、「ペット可」のマンションを探し、用賀（世田谷区）に引っ越した。

「引っ越しの日、最後の最後に網戸の掃除をしていたら、どこからか母猫がやって来たんですよ。じっとぼくを見ていました。ぼくたちに『うちの子、よろしくね』って伝えたかったのか、我が子に何か言いたかったのか。挨拶に来たんでしょうね。猫って、そういうところがあるんです」

三郎と暮らすようになってから、「〃猫欲〃が満たされていった」と安村さんは言う。岡山県津山市の実家で猫を飼っていたことを思い出したそうだ。

エバという名の、拾ってきた三毛猫だった。四〇年以上も前のこと、「外出も自由に」と放し飼いだったが、エバが家の中で拠点としたのは、安村さんのベッド下の空間だった。ある日、異臭がしてきたので、ベッドの下を掃除すると、雀の死骸が腐っていて、無残な形となった骨と羽が認められた。それどころか、生きたままのカマキリやヘビがベッドの下にいたこともあった。そのような「ぎょっ」とすることも含めて、猫の生態は面白い。「かわいい、かわいい」ばかりの存在ではないことにも、安村さんは小学生にして、もう気付いていたのだ。夜は一緒に寝ていたという。ときには撫で、ときには抱き寄せ、しかし、多くの時間は無理に近づかず、距離をとる。一人と一匹の〝いい関係〟が続いた。

高校生の頃には、すでに安村さんの部屋には、本棚からあふれんばかりの本があった。ベッドの下から出てきたエバが背中を丸めて伸びをする。その視線の先に、「ずいぶんたくさんあるなあ」と眺めただろう本の山。その頃の安村さんは自室に閉じこもり、よく本を読んでいたという。

「父は電電公社（現ＮＴＴ）に勤めるサラリーマンでしたが、母が高校の数学教師を経て、進学塾を開いていた人で……あ、今も現役です。その母がとても読書好きで、子ども心に

『漢字が詰まった本ばかり読んでるな』と思っていました。家の中が本だらけで、ある日、床が抜けたほどです。そんなに裕福ではなかったのに、ぼくには『本は心の資産になるから』と言って、本だけはいくらでも買ってくれました」

というのが、安村さんがそもそも本好きになるきっかけだ。地元の進学校・県立津山高校で演劇をしていたため、ちょっと背伸びして、「難しい」と思いながらも安部公房や北村想、別役実らの戯曲を一所懸命に読んでいたのだ。中国山地に抱かれた町・津山には、戯曲を置いている本屋がなかったから、列車に一時間余り揺られて岡山市内に足をのばしては、紀伊國屋書店で買ってきていたという。

「大学に入った八七年は、ちょうどバブル期。小劇場ブームで、第三舞台、夢の遊眠社《ゆうみんしゃ》などのお芝居を生で観たかったから、東京の大学に進んだんです」

話はちょっとそれたが、高校時代の実家でも「本」。その傍らに「猫」だったのだ。

ちなみに、「保護猫」という言葉をよく耳にするようになったのは、ここ一〇年ほどだろうか。野良猫の素性には、飼い主に捨てられる、飼い猫が迷子になる、野良の母猫から生まれる、の三通りがあるという。かつて日本中に、数多《あまた》の野良猫がいた。「この子をうちの子に」と拾われて家猫への道をたどるケースは以前から少なくなかったが、「保護猫」が意味するのは、単に拾ってくるだけではなく、しっかりと体調管理や去勢・避妊をして、責任を持って育てることだ。

安村さんの実家のエバは、安村さんが大学入学で上京したのち、一年ほどで亡くなった。のちの暮らしの中で、出会うべくして三郎に出会うまで、自分で猫を飼うことはなかったが、町を歩いていて猫がいると「じっと見つめる」性分だった。すると猫のほうから近づいてくることが多く、そんなときは「歓迎した」と安村さんは振り返る。

「彼の魅力は、猫人間っぽいところだと思います」

と言った人がいる。荻窪のブックカフェ「6《ろく》次《じ》元《げん》」のオーナーで、映像ディレクターのナカムラクニオさんだ。「6次元」で開かれたビブリオバトルに安村さんが参加した五年前が初対面で、猫本屋の開業にあたっての協力者の一人（後述）である。

猫人間っぽいって、どういう意味ですか？

「実は人懐っこいのに、ツンデレラな感じだから」（ナカムラさん）

なるほど。そういえば、わたしにも思いあたるふしがある。ご本人は、「いや。ぼくは昔から友だちに『威張りくさったコリー犬みたい』と評されていたので、むしろ犬っぽい人間だと思っていました」と抵抗するのだが。

ともあれ、安村さんの猫本屋のプランニングの軸「猫が本屋を助け、本屋が猫を助ける、という店」は、保護猫・三郎ありきの発想だ。

「三郎を『店長』たる看板猫にすえて、集客を手伝ってもらおう。さらに、あと四匹の保護猫も店に迎え入れて、『店員』として『接客』を助けてもらおう。そうやって猫に本屋が助けてもらうお返しに、世の中に不幸な猫をなくす一助になるよう、保護猫関係の団体に売上の一部を寄付しよう。猫と本屋がウィンウィンの関係に――を目指しているんですね」

「猫を迎えるなら、保護猫から」
啓発×ソーシャルビジネス――LOVE & Co.

安村さんの言う「保護猫関係の団体」の一つが、等々力《とどろき》（世田谷区）に事務所と保護猫シエルターを構える一般社団法人「LOVE & Co.」（愛称「ラブコ」）だ。

ご縁は、ネットから始まった。さらに元をたどれば、ビブリオバトルが発端である。安村さんは、ビブリオバトルの主会場だった紀伊國屋書店新宿南店の店員さんと親しくしていたが、その彼は同書店を退職し、友人と二人で世界一周の旅に出た。ところが旅の途中で所持金が乏しくなり、クラウドファンディングを使って、旅を継続する資金を集めた。それを知った安村さんは、「たぶん一万円くらい」の寄付をした。

そのときのクラウドファンディングのプラットフォーム（基盤組織）が、「CAMPFIRE」だ。アカウントを作って登録した。すると、支援を募る他のプロジェクトの案内が載ったメールマガジンが頻繁に届くようになった。

クラウドファンディングは、crowd（群衆）とfunding（資金調達）を組み合わせた造語だ。インターネットを経由して、組織や個人が出資を募り、小規模投資家が応える仕組みで、二〇一四年五月の金融商品取引法改正後に始まり、瞬く間に広まった。募る金額はプロジェクト・オーナーが自由に決めることができるが、目標額に達しなければ不成立となり、出資者に返金しなければならない決まりがあった（当時）。

CAMPFIREのメールマガジンには、映画やアート作品を作りたい、ソーシャルビジネスを立ち上げたい、店を開きたいなど、さまざまな分野の志が掲載されていた。安村さんは、それらを普段はさっと見るに過ぎなかったが、二〇一六年三月、一つのプロジェクトに目が引き寄せられた。タイトルは、「保護された犬猫たちと家族の出会いをつなぐコーヒープロジェクト!」。LOVE & Co. が出資を募るものだった。

〈仲間と飲んだ一杯のコーヒーから始まりました。
イヌネコ好きの私たちが集まってかわした会話。
ペットブームのその影で、殺処分されているイヌネコたちのこと…。
「このコーヒー一杯でイヌネコたちを救えたらいいのにね」

(中略)

この春、Buddy 設立スタッフ3名により、一般社団法人 LOVE & Co. を設立。コーヒーや雑貨の販売をとおして、イヌネコの里親制度の普及を目指します。また、小さいながらも念願のシェルターを都内に構え、イヌネコの保護・譲渡活動をスタートします!〉

このように始まり、保護犬・保護猫のシェルターを設け、里親に譲渡する活動を始めること、シェルターで保護した犬猫の写真をパッケージにしたコーヒーや雑貨の新ブランド〝Love Me Coffee〟を立ち上げ、売って、資金源にすることが綴られている。読み進んでいくと、こんな文面も出てきた。

〈シェルターのイヌネコたちには、〝Love Me Coffee〟のモデルのお仕事をしてもらいます。保護活動にはお金がかかるもの…だったら、イヌネコたちにも働いてもらおう！という魂胆です。〝Love Me Coffee〟の売上は、イヌネコのご飯・医療費・維持費などに還元する仕組みです。（略）

イヌネコのために何かしたい！と思っていても、各々では場所も時間もお金も…なかなか難しいものだから、みんなで少しずつシェアしてイヌネコを助けませんか？〉

募集開始は、二〇一六年三月七日。目標金額は五〇万円とあった。

「つまり、猫がラベルになって、コーヒーを売って、そのコーヒーの売上で、猫たちのご飯代を稼ごうということでしょう。猫をただただ助けるんじゃなくて、ビジネスの中で儲けたお金で猫を助けるコンセプトが素晴らしい――と目が釘付けになりました。と、同時に思ったんですよ。要は『コーヒー×猫』の掛け算だ。ぼくが考えている本屋のコンセプトに通じるところがある、と」

話を聞きたくなったが、安村さんは意外に気が小さい。「いきなり連絡をとって、ぼくのようなオジサンがのこのこ出かけて行ったら怪しまれる」と躊躇《ちゅうちょ》したのだという。まず、このプロジェクトに、曰く「結構な高額」を寄付した。そして、リターン（寄付の返礼）の一つにあった「シェルターにご招待します」を選んで、LOVE & Co. の事務所兼シェルターを訪れるという手順を踏んだ。

この「保護された犬猫たちと家族の出会いをつなぐコーヒープロジェクト！」は、募集開始の翌日に、早くも目標額の五〇万円を超えた。二九日後の四月五日に終了し、なんと支援者は一五七人、目標額の三倍近い一四八万四〇〇〇円が集まった。クラウドファンディングに興味を持つ層と、保護犬・保護猫の活動に共感する層が重なり、大きく共感を呼んだ結果だろう。

「安村さんが来られたのは、二〇一六年の五月でした。リターンに『シェルターご招待』を選ばれた方は一〇人ほどいらしたんですが、本当に足を運んで来られたのはお一人だけだったので、どんな方が来られるのか、しかも男性だし（笑）と、私たちも少しどきどきしながらお迎えしました。安村さんもかなり緊張されていたみたいです。実はあんなにおしゃべりが上手な方なのに、あのときは小声でボソボソと話し始められて、ちょっとびっくりでした」

と、LOVE & Co. 理事でディレクターの矢沢苑子《そのこ》さんが振り返る。「私たち」が指すのは、もう一人のスタッフ、代表理事でデザイナーの今村友美《ゆみ》さんと、猫の「ドクターごましお」だ。

わたしも、二〇一八年二月にLOVE & Co. の事務所兼シェルターに行った。住宅街のビルの三階にあり、フェンスを開けると、そこはテーブルやソファをゆったりと配したリビングルームのようなオフィスだった。棚に、猫の写真がパッケージについたコーヒー豆や、猫のイラストがモチーフになったマグカップ、お皿、トートバッグ、エプロン、Tシャツ、クッションなど雑貨が並んでいた。販売しているのだ。

壁の上部にも棚があり、クッションがもっこりしている。その中で、猫が眠っていたのだった。誰か来たぞ、と気づいたのか、一匹がやおら起きて、飛び降り、近寄ってきてくれた。

さらに、ドアの向こうにキャットタワーや大小のケージがある部屋が続いている。猫たちは室内の好きな場所で過ごすそうだ。その日は、合計一一匹がいた。

「あと九匹が、『あずかりさん』と呼ぶ協力者のおうちにいます。みんな、元野良です。捕獲したものの、『うちでは飼えないわ』という人たちが、ネットから入って『はじめまして』と連絡してこられ、いろいろと相談にのった上で、うちに連れてくるしか方法がない子を迎えています。うちもお金がないので、捕獲した人に事情を話して、動物病院で去勢や避妊など医療ケアをした上で、連れてきてもらうようにしているんです。みんな、里親さんが見つかるまで、ここにいます」

見るからに、猫たちが心地よく過ごせるシェルターだ。保護した猫たちの写真と性格、癖などが詳しくサイトにアップされている。毎週日曜に、このシェルターが開放され、譲渡会が開かれる。開設から一年一〇か月で累計三〇匹ほどが譲渡されたというから、しっかり実績を積んでいる。

「犬もいます？」

と、犬派のわたしが聞くと、

「当初は一匹いましたが、その後、対象になる犬がいないので、今は猫だけです」とのことだった。そういえば、野良犬を見かけなくなった。猫は見かける。わたしが以前住んでいた雑司《ぞうし》が谷《や》（豊島区）にも野良猫がずいぶんいた。公園の植え込みを住処《すみか》にしている猫一家もいて、ご近所の人たちがキャットフードを毎日のように与えていた。「かわいい」「かわいそう」からの善意だろうが、雨が降れば食べ残しのフードが不潔になる上に、糞も絶えない。そのために、蚊やハエが発生する。わたしは、犬の散歩途中、いつも複雑な思いで野良猫たちを見ていた。

「ご飯だけあげる、はナシですね。お世話するなら、食べ終わるまで待って、片付け、トイレの世話、医療ケアもちゃんとやらなきゃ。ご近所さんたちに理解してもらう努力をする必要もありますよね」

野良猫は、病気や事故、心ない人からの虐待など危険が尽きず、過酷な暮らしを強いられているという。

「猫って、早い子なら生後四か月くらいから子どもを産むんです。年に二～三回、四～五匹ずつくらい。瞬く間に増えちゃう。そういった野良猫が捕獲されて保健所に持ち込まれたら、殺処分されかねません。今はどこの自治体も殺処分ゼロに向けて努力していて、里親さんを探してはいますが……」

年間どれくらいの数の猫が殺処分されているんですか？

「九万とか、一二万とかの数字が上がっていた以前と比べると、ずいぶん減りましたが、実は数字に出ないところで殺される子が増えています」

環境省自然環境局のホームページによると、二〇一六年度の殺処分数は、犬一万四二四匹、猫四万五五七四匹だ。もっとも、二〇一三年の動物愛護法の改正で、都道府県が動物取扱業者から引き取りを求められた場合、拒否できるようになったため、「引取り屋」と称する業者がうごめくようになった。ペットショップで売れ残った子や、生まれたが売り物にならない子を引き取って、野山に放したり、餌を与えずに餓死させるなどの例があとを絶たないのだと、矢沢さんが教えてくれた。

「狭いケージの中にオスメスを閉じ込め、まるで子作りマシーンのように大量繁殖させている業者もいると聞きます。医療のケアもなく、皮膚病や感染症が蔓延する環境で生まれた子が、健康であるはずないでしょう？　たくさん生まれた中から、ペットショップに来るのはほんの一部なのです。全部のペットショップが劣悪だとは言いませんが、人々の『ペットショップで犬猫を買う』という意識が変わらないといけない」

切々と話しながら、矢沢さんが、足元に擦り寄ってきた一匹を慣れた手つきで抱っこした。その子は、安心しきった表情を見せる。LOVE & Co. への縁に恵まれなければ、命を落としていた可能性の高い子だと思うと、涙が出そうになった。

――矢沢さんは、もともと猫好きだったんですか？

「実家には犬がいて、元は犬族だったんですが、一人暮らしを始めた二〇代半ばのとき、『散歩させなくていいから、猫のほうが楽かな』くらいな気持ちで一匹を飼い始めたのがきっかけで、すっかり猫族になっちゃいました」

――猫族になったことが、LOVE & Co. 設立への道のりの第一歩なんでしょうね。続きを聞かせてください。

「結婚して複数飼うようになり、離婚のときに『親権争い』をして、元夫に二匹目を譲ったこともありましたが、その二〇代半ばから飼った子が、四年闘病して一五歳で亡くなったんです。他の飼っていた子たちも、あとを追うように死に、一年のうちに四匹を見送って、ものすごい『猫ロス』に陥り、会社も退職したんです」

――えっ？　猫ロスで退職？　そんなにもキツかったんですか。

「ええ。あのときは、ほんとにキツかった……。しばらくして、武蔵小山（品川区）の『里親カフェ』に行くようになって。そこには、福島の避難地域にとり残された猫やその子どもたちがいました。店名どおり里親への譲渡をつなぐカフェなんですが、やがて私も、福島の避難地域の猫二匹をうちに迎えました。そして、動物愛護系のイベントにも行くようになったんです」

――そこで、さきほど聞いた保護猫の状況とかを知り、同好のお仲間と知り合った？

「そうです。今、一緒にLOVE & Co. の理事をしている今村は、一〇年前に駐車場で保護した猫を飼い始めたのを機に野良猫を保護し、飼い主さんを探す活動を一人でコツコツやってきた人なんです。彼女とも知り合い、保護猫の啓発活動をしたくて」

――啓発活動に、ソーシャルビジネスをドッキングさせた形をお考えになったのですね。

「コーヒー豆を仕入れて、『猫を迎えるなら、保護猫から』というメッセージをつけてOEM（委託を受けた相手先のブランドの製品を生産すること）の形で売る。売り上げの一割を保護猫シェルター作りの支度金にする。ある会社の社長がそのアイデアに共感してくださって、その会社の一部門として、二〇一三年にコーヒーのブランドを立ち上げました。二〇一六年に三人で独立して、新たに〝Love Me Coffee〟のブランド名で、この事務所とシェルターを立ち上げる際にクラウドファンディングをした。そして、安村さんがいらっしゃった。そういう流れです」

殺処分や矢沢さんのプライベート、LOVE & Co. の成り立ちについて、つい根掘り葉掘りしてしまったが、矢沢さんが本題に戻してくれた。

初代番頭猫との出会いと別れ

二〇一六年五月にLOVE & Co. の事務所兼シェルターにやって来た安村さんは、「ビジネスの中で儲けたお金で猫を助けるコンセプトに共感して、お話が聞きたくて来ました」と切り出した。

「そこ、私たちのキモです。寄付を収入源に、ボランティア運営で頑張っていらっしゃる団体が多いですが、私たちは、長く続けるために、事業利益をきちんと出して運営することを選びました。なので、コーヒーや雑貨の販売もがんばり、保護活動を事業として成り立たせたいんです。クラウドファンディングだけじゃなく、公的機関の新規開業資金も借りて、開業しました――みたいなお話をしたと思うんですが、むしろあの日の安村さんは、ご自分の夢を語りに来られた印象です。『ぼくはこういうことをやりたくて』と、猫の本屋さんの説明をされました」と矢沢さん。

安村さんは、作成途上の企画書も持参していた。「猫がいる本屋」「猫本を置く本屋」のコンセプトが固まりつつあった頃だ。例の「猫が本屋を助け、本屋が猫を助ける」という言葉も口にした。

「すごく面白いじゃんって、すぐに言いました」

着手はまだだけど、本気だな、この人、と矢沢さんは直感した。

「面白いから、やりなよ。だったら、まずは場所だよね」と、タメ口でたたみかけた。

矢沢さんは、経験上、こういうときは、「勢い」が大切だと思っていたのだという。LOVE & Co. も、実は諸事情が重なって、「勢いとノリ」でがむしゃらに開業にこぎつけたと、独立の経緯も伝え、「計画を練りすぎて、前に進めない人」を多く見てきたとも話した。タメ口は、安村さんの緊張をほぐすためだ。徐々に打ち解けた。

「猫は何匹くらいの予定?」

「うちの三郎と、あと三、四匹ですかね」

「猫本って、どんな種類の?」

「人文、ノンフィクション、小説、エッセイ、ライトノベル、写真集、絵本、実用書……」

「ターゲット層は?」

「メインターゲットは、猫好きの三〇代、四〇代くらいの女性でしょうかね。猫を目当てに来て、『あ、面白そうな本もある』みたいな入り口もありで……」

矢沢さんから矢継ぎ早に質問が飛び、安村さんは考えながら答えた。

そうこうするうちに、「マジでぼくが猫本屋を開店できたら、LOVE & Co. さんからコーヒーとマグカップを買わせてください」と安村さん。「もちろんです、喜んで」と矢沢さん。

そんな二人の話に傍らで耳を澄ましていたのが、ハチワレ猫、ドクターごましおだ。顔は首と頬の一部だけ白く、鼻の下に黒ごまのようなホクロがある。「ドクター」の由来は、ブラックジャックの風貌イメージから。推定二歳、オス。LOVE & Co. 設立間もないそのとき、保護した一匹目の猫だった。

「ごまは、埼玉から来た子でした。スーパーマーケットにふらふらと歩いて入って行こうとして、店員さんに首根っこをつかまれて追い出される。また入ろうとして、追い出される、を繰り返した後、店員さんが段ボール箱に入れて、捨てに行こうとしたそうなんです。そんな様子をたまたま目にしたうちのスタッフが、見るに見かねて保護してきた子でした」

（矢沢さん）

実は、キャッツミャウブックスのレジの上に、「The First Head - Clerk（初代番頭の意）」として、ごましお君の愛くるしい写真が揚げられている。なぜなのか。こんな経緯がある。

この日、LOVE & Co. を訪ねた安村さんを、ドクターごましおは、入り口のカウンターまで迎えに行って、「待ってたよ」とばかりにスリスリした。矢沢さんと話す間は、安村さんの膝に載って甘えた。帰る際には、またカウンターまで見送りに行った。安村さんは、この「接客上手な子」を、いずれ自分が開業する猫本屋に迎えたいと密かに思ったが、言い出せなかった。猫本屋は、まだ「夢」の段階だし、「この子は、譲渡ではなく、LOVE & Co. の看板猫になるんじゃないか」との思いがよぎったからだ。

ドクターごましおは、接客が好きで上手だったばかりか、後輩猫たちの面倒見もよかった。そのため、矢沢さんたちはその後、安村さんが察したとおり、里親に譲渡せずにLOVE & Co. にいたほうが、この子にとって幸せなのではと考えるようになったが、二〇一七年二月に、キャッツミャウブックスの開業が現実的になってきた安村さんが、「うちに、看板猫・番頭として迎えたい」と希望した。「番頭」なのは、安村家の三郎が「店長」と決めていたから。三郎は一四歳（当時）。高齢だし、「接客」は初めてだから、得手不得手も未知数だ。ドクターごましおこそ、そんな三郎をフォローしてくれる子だと思えたのだ。

ところが、前後して、ドクターごましおの体が弱り始め、矢沢さんが自宅に連れ帰ってケアをする日々になった。

驚くなかれ、アニマルコミュニケーターという仕事の人がいる。動物の思いを理解し、人間に通訳すると同時に、人間の言葉を猫に伝えることができるプロだという。「ごまの幸せ」を考えて、迷った矢沢さんたちは、アニマルコミュニケーターを介して、ドクターごましおに、「こんな話がきてるんだけど」と猫本屋の概要を伝え、「そこに行って、番頭になる？」と訊《たず》ねた。「それとも、LOVE & Co. で過ごす？」「このまま矢沢家にいる？」と三択を委ねたのだという。すると、ごましお君は、「ぼく、その猫本屋さんにぜひ行きたい。キャッツミャウブックスの番頭になりたい」と目を輝かせた。

「それを聞いたときは、うれしくて泣きました」と安村さん。

しかし、ごましお君の体調が回復しないので動物病院に連れて行くと、ウィルスが体内で突然変異し、血管に炎症を起こし、その炎症が多臓器に及ぶというＦＩＰ（Feline Infectious Peritonitis）の発症が認められた。原因不明の不治の病だ。

不治の病の発症が分かったのは、二〇一七年三月。多くはすぐに命を落とすが、ドクタ

Dr. GOMA SHIO

ーごましおは、矢沢さんの言葉を借りると「キャッツミャウブックスに行きたい一心で」、頑張って生き続けた。しかし、八月の開業には間に合わず、五月二七日に旅立った。

「だから、ごまは、キャッツミャウブックスの初代番頭です。レジの上から、今も店を見守ってくれているんです」（安村さん）

「体があるうちには行けなかったけど、ごまは（写真で）キャッツミャウブックスに行けてよかったね、と心から思います。それに、ごまは今もLOVE & Co.の看板猫として、コーヒーラベルなどの商品のモデルをしてくれているんですよ」（矢沢さん）

古本屋ではなく、新刊も扱う「本屋」になりたい

ところで、もともとどんな本屋さんが好きだったのですか？　と聞くと、安村さんは、腕組みをして「う〜ん」とうなった。生真面目なのだ。考え込んだ末、口にしたのが、

「正直、ないです、この本屋が好き、というのが」

肩透かしだったが、しばらくして、「あ、そうだ。岡山に一軒ありました」。帰省すると、

岡山駅で途中下車して、ときどき足を延ばす「古本ながいひる」という小さな店だそうだ。
「神戸のレコード屋で働いていた人がやっている、ビールも飲める古本屋さんで、映画や音楽の本と、CDが並んでいるんです。店内にベンチも置かれていて、そこに座って棚を眺めながらビールを飲むのが好きで……」

その店は、「本×〇〇」の掛け算に当てはめると「本×CD」「本×ビール」のようだ。

都内でビールを飲める本屋さんは——と頭をめぐらせる。わたしが取材に回った中で、古本屋では、〟20世紀記憶装置〟をキャッチフレーズとする神保町の「@《アット》ワンダー」、セピア色の格調高い本が並ぶ千駄木（文京区）の「ブーザンゴ」、〟文士料理〟も供す酒場風の高円寺（杉並区）の「コクテイル」、写真集が充実した南青山の「HADEN BOOKS」、店主の蔵書が中心の下北沢の「Brown's Books & Cafee」……。新刊書店では、手作りの家具と植物を店内に配した上野の「ROUTE BOOKS」、アートや人文系の本が多い新富町（中央区）の「ふげん社」、多数のおすすめ本が面陳列されている神楽坂（新宿区）の「神楽坂モノガタリ」……。それぞれ、しっかり特徴がある店だ。それに、先述したブック・コーディネーターの内沼晋太郎さんが経営し、毎日イベントが行われる下北沢の「本屋B&B」、ナカムラクニオさん経営の荻窪のブックカフェ「6次元」にもビールが置かれている。

「6次元にはビブリオバトルをするようになってから、本屋B&Bには本屋さんトークを聞くようになってから、よく行くようになりましたが、その他の店はほとんど行ったことがありません。ビールを飲める本屋さんは魅力的だし、自分が開業する店にももちろん置くつもりでしたが、わざわざ見に行くほど興味はなかったですね。どこかを真似ようなんて気持ちはさらさらなく、ぼくにとっての『本×○○』の掛け算はあくまで猫でしたから」

急に早口になった。強気だな、とわたしが思ったのを察したのか、安村さんは穏やかな口調に戻った。

「やっぱり、ふつうに、大きな書店は便利です。普段、ふつうに読む本は紀伊國屋とかジュンク堂とかで買っていました。住まいの最寄り、用賀（東急田園都市線）の駅ビルの中に、NET21に参加している結構広い本屋さんがあって、その店もよく利用しましたよ。でも、なんだかコミックやヘイト本とかが増えて、品揃えが変わってきたなと思っていたら、いつの間にか潰れました」

暗い話が出てきた。

「NET21」というのは、中小の本屋さんのグループ組織である。加盟書店は、三四か所（二〇一八年現在）。共同仕入れを行う、POSデータ（商品の販売時に記録されるデータ）の情報を共有するなど、ボランタリーチェーンのような形で連携している。なぜ共同仕入れなのかというと、書店の仕入れは取次からの「委託」で、売れなかったら返品できる「委託販売制度」である一方で、過去の販売実績によって、取次がどの書店にどの新刊を何冊納品するかを決める「パターン配本」というシステムがあり、中小の書店は、その店で売りたい本を思うように仕入れることができないからだ。

「売れると分かっている話題書を仕入れたくても、うちのような小さな本屋には少部数しか配本してもらえない」と、何軒もの町の本屋さんから聞いた。取次との『力関係』だ。取次にとっては大きな書店に多数を配本するほうが、合理的なのである。例えば芥川賞、直木賞を受賞した本が旬の時期に店に置いていないと、お客さんは「そんな本もないのか」と見切り、店離れする。そのため、「利益ゼロどころか、カバー代、レシート代で完全に赤字だけれども、大型書店で買ってきて店に並べている」と、悲痛な声を駅前立地の書店から聞いたこともある。NET21は、加盟店の仕入れ窓口を一本化して、取次や出版社との力関係の改善を図っているのだ。だが、手放しでOKという状況ではないと窺《うかが》い知れる。

大型書店以外、行かなかったのですか？　と、安村さんを煽《あお》ってみる。「う〜ん」と再び腕組みをして、考え込んでから、やっと「結構好きな本屋さん」の名前が二つ挙がった。

南阿佐ケ谷（杉並区）の「書原《しょげん》」と、下北沢の「古書ビビビ」。

意外だった。両書店には申し訳ないが、もっとしゃれた今風の店を好む人だろうと思っていたからだ。この質問をしたのは、安村さんへの一連の取材の初期。ＩＴ関係から外資系マーケティング会社へという職歴（後述）と、「本屋入門」「これからの本屋講座」の受講の際に「ＳＰＢＳ（SHIBUYA PUBLISHING & BOOKSELLERS）で買った（輸入物の）ノートにメモをとった」と余談に聞いたことが重なり、わたしが勝手にイメージしていたのだった。渋谷のＳＰＢＳは、アクセサリーやアパレル、化粧品も並ぶ、とてもしゃれた本屋さんだ。

書原は、昭和な色合いの濃い新刊書店だった。入居していたビルの取り壊しによって、二〇一七年二月に閉店したが、わたしも大好きで、書原の近くに住みたくなって引っ越したくらいだ。平台にひとクセもふたクセもある新刊が多く、哲学書と歴史書と硬派ノンフィクション本の充実ぶりに目を瞠《みは》ったものだ。取材のとき、社長から「街に色があるように、本屋にも色がある」、店長から「ロングタームで売っていきたい本を集めている」と聞いたことが忘れられない。

古書ビビビは、「なんでもあります。でもちょっと選んでいます」と見受けられる、ジャンルの広い古本屋さんで、昔風と今風の中間の雰囲気。貸本時代の珍しい漫画もずいぶんそろっていた。店内でかかっていたフォーク系の曲が気に入り、そのインディーズのCDを買ったこともある。

「書原も古書ビビビも、昔のサブカル臭がするところがよかったなあ。ぼくの好みの本が多かった」と、文化史や博物誌が得意分野の安村さんは言うのだった。神保町と中央線沿いの古本屋も、ひととおり回った。「どちらかというと、新刊書店より古本屋のほうが面白かった」という。

だが、安村さんはキャッツミャウブックスに、「新刊も古本も、両方を置こう」と考えた。

出版業界のピークは、一九九六年だ。書籍・雑誌の合計推定販売額は、二兆六五六八四億円を誇ったが、二〇一七年には三分の二以下の一兆三七〇一億円に縮小された（出版科学研究所調べより）。一九九九年に約二万三〇〇〇軒だった新刊書の書店は、二〇一七年に約一万三〇〇〇軒まで減った。ネット書店の台頭や、電子書籍の利用の影響が大きいとされる。取次は二〇社余りあるが、トーハン、日販、大阪屋栗田（二〇一六年四月に大阪屋と栗田出版販売が経営統合して発足）の大手三社の取り扱いが出版物全体の七〜八割を占め、大型書店との取引が優先されるため、町の本屋さんに希望する本が届かない。書店の利益率は約二〇%と、めっぽう低い。直接取引ができる出版社もあるものの、限られている。「本屋入門」や「これからの本屋講座」で、そのような状況を知った上での「新刊も」だ。

「だって、古本がいくら売れても、著者と出版社には一銭も入らず、儲からないわけでしょう? 本屋をやるからには、新刊を扱って、出版業界を潤わせたいじゃないですか」

古本のほうは、開業すると意を固めたときから、安村さんは、「忙中閑あり」のごとく都内の古本屋を巡った。帰省の折には、岡山や広島の古本屋にも足を延ばし、五冊、一〇冊と猫本を仕入れていった。いわゆる「せどり」(古本屋で売っている本を、別の古本屋が自分の店で売るために買うこと)だ。BOOKOFFも大いに利用した。古本・古書の販売サイト「日本の古本屋」も使いまくった。

「せどりは、タイトルに『猫』が入っている本なら何でもいいというわけではないんです」

ネットで、「猫」「本」と、例えば「恐怖」「出産」「森」という言葉を組み合わせて検索してみる。すると、なにがしかの本が見つかったりする。その本の情報をさらに検索する。あるいは、得意分野の歴史関係の本を読んでいる中で、少しでも「猫」に触れられている部分があると付箋をし、「猫本に認定します(笑)」。それが、発行から何年も経っている本なら、古本屋でもう一冊購入する。地道に、猫本を集め出した。そして自宅近くに借りたワンルームマンションで保管していった。

「本×○○」なら食べていける
——本屋B&B・内沼晋太郎さん

安村さんが保護猫・三郎を飼い、ビブリオバトルのバトラーをするうち、いつしか熟成されてきた猫本屋を開業するプランは、LOVE & Co.の矢沢さんに「面白いじゃん、やりなよ」とあっけらかんと言われたことによって勢いがつき、磨きがかかった。

「ビジネスの中で儲けたお金で猫を助ける」というコンセプトが揺るぎないものとなり、「店で使うコーヒー豆をLOVE & Co.さんから仕入れて、LOVE & Co.さんの活動に寄与しよう」「営業利益の一部を継続的に、LOVE & Co.さんなり他の団体なりに寄付しよう」と骨格が固まっていった。新刊と古本の両方で構成することや、カフェ部分のイメージを肉付けし、横浜・みなとみらいの「BUKATSUDO」での「これからの本屋講座」で、講師の内沼さんへのプレゼンにつながっていくのである。

話は前後するが、プレゼンに至る前の「これからの本屋講座」で、内沼さんが業界の内実など手の内を惜しみなく明かすのはなぜか。聞いてみた。

「一言でいうと、本屋を増やしたいからです」

内沼さんの答えは、シンプルだった。

「出版業界全体の売上が下がっているのは、ご承知のとおりです。これまでの本屋と同じようにやっても、続けていけないということは、自明ですよね。けれど、それでも本屋をやりたいと強く思っている人に、『儲からないからやめておけ』と言うのは間違っている。本屋をやれる〝道〟をつくっていきたいと思うんです。業界としての売上減をカバーするとは思いませんが、本そのものの未来は、こういう状況の中でも本屋を始めたいという人にあると、私は考えています」

繰り返し書くが、内沼さんは二〇一二年から下北沢で「本屋B&B」という書店を共同経営している。そればかりか、「NUMABOOKS」というレーベルで、本屋や図書館の棚作り、書店・取次・出版社のコンサルティングなど本にまつわるプロジェクトの企画やディレクションを多彩に行っている人だ。千駄木で健闘している「往来堂書店」で働いたのを皮切りに、本の業界入りした。一九八〇年生まれと若い。若いからこその柔軟な発想だろう。「本屋B＆B」は、例の「掛け算」でいうと、「本×ビール×イベント×家具」の店である。『なんでもいい、儲かることをやりたい』なら、B＆Bはやっていなかった。これからも成り立つ本屋のビジネスモデルを示したかったんです」と内沼さんが続ける。

「核になっているのはイベントです。寄席に行けば、落語を聞ける。映画館に行けば映画が観られる。それと同じように、あそこに行けば毎日必ず、本を媒介に知的好奇心を刺激してくれるイベントがあると思ってもらえる場をつくりたかったのです」

実際、もうすっかりそういった場になっている。

「本を単体で売って、食べていくことができなくても、『本×〇〇』の掛け算なら、食べていける可能性がある。本の面白さ、場の面白さを発信したい店主の熱意はお客さんに伝わり、リピーターになる人も少なからず出てきます。ですから、これから本屋をやりたい人に、本以外のものを『掛け算』するオリジナルな店づくりをすすめているんですね」

本の売上だけで収益を出すのが困難なら、複合的な事業で収益を賄い、「本の場」的な文脈と共存させよ、というのだ。説得力があった。

正直に言うと、わたしはどちらかというと、大型店を別にすると昔風の本屋さんに足を向けることのほうが多い。下北沢で開業して一〇年の「ほん吉《きち》」という古本屋さんに取材に行ったとき、女性店主が「店をおしゃれにすることに興味ないんです。私にとって、本はアクセサリーじゃなく、がつがつ読むもの。昔ながらの本屋さんを目指しています」と言ったが、その言葉に、我が意を得たりだったのだ。

しかし、内沼さんの言には、うなずかざるを得ない。昔風の本屋さんの頑張りに、心からエールを送ると同時に、新しい形態の本屋さんも応援してこそ、本に未来がある。

「本屋B&B」で内沼さんの薫陶を受け、インターンやスタッフとして働いた人の中から、「本×器」など〝掛け算〟の店を開く人たちが出始めているという。

閑話休題。内沼さんが言う。

「安村さんがプレゼンされた猫本屋のプランは、何度ものブラッシュアップを経て、完成度が非常に高いものでした。途中の段階で、『開業するエリアはどのあたりを想定しているのですか』と聞くと、『プランニングで手いっぱいで、考えていませんでした』とおっしゃったので、『例えば松陰神社前のようなエリアはどうでしょうか』とご提案したんです」

松陰神社前（世田谷区）は、三軒茶屋と下高井戸（杉並区）の間を二両編成が走る東急世田谷線の中ほどにある駅だ。駅名は、吉田松陰を祀《まつ》る松陰神社があることにちなんでいる。あたりには落ち着いた住宅街が広がっているが、昔を知らないわたしは、二〇一五年に駅からすぐの「nostos books」に行ったとき、駅から続く道を「ローカルだけど、品のある商店街だなあ」と思った。nostos booksは、デザインの視点から楽しめる本が中心に並ぶファッショナブルな古書店だった。付近に、新規出店したというカフェや雑貨店が点在して、若い人たちが行き交っていた。

「若い人たちが小さなお店を始め、注目され始めていたエリアだったんです」と内沼さんが説明してくれる。従来にはなかった店が二、三軒できると街が街らしくなり、足を運ぶ人が増える。町おこしのセオリーといわれる、そのような現象が起きていたときだった。ターミナルから離れた、「ゆったり、まったり」の雰囲気が好まれる。「もっとも、提案した二〇一六年がギリギリで、今は人気が出すぎて、物件価格が上がっていると思いますが」

安村さんは、出店エリアを考えていなかったとはいえ、これまでの生活圏から「中央線沿いか、世田谷か」という漠然とした思いはあった。「松陰神社前は、若い頃に友だちが住んでいて、何度も行っていたのですが、久しぶりに駅を降りると、かわいいお店が増えて、ずいぶん変わっていました。なるほど、いい感じだと思いましたが……」

二〇坪を目処に物件を探したが、四~五坪ほどの狭い物件にしか空きがなかったため、エリアを世田谷線の沿線に広げ、今の物件と出合うことになる。物件探しについては、後述する。

五〇歳を前にパラレルキャリアを選んだ理由
——年齢的「もやもや」

「どう説明したらいいかな……。五〇歳になるのが見えてきて、もやもやしていたことが、開業する下敷きにありました」

しかし、よく思い切りましたね、と水を向けると、安村さんはゆっくりと話し出した。いつもは早口なのに。「もやもや」って?

「人生この先どうしようかなあ、みたいな。今勤めている会社は勤続一四年になるんですね。そこそこのポジションにいて、そこそこの報酬をもらっているから辞められないけど、かといってこのまま定年まで会社にいるのはないな。そんなふうな、もやもやが心の底に渦巻いていたんです」

五〇歳をすぎて、早々と退職金の計算を始めた自分が情けない——と、出版社に勤める知人が、杯を重ねながらこぼしていたが、雇用形態も多様化した今、思いも行動も人それぞれだろう。

安村さんの経歴をかいつまむと、こうだ。

大学卒業後、最初の就職先はリクルートだったが、シンクタンクなどいくつかの業界を転々とした後、三〇歳を目前にしてＩＴの会社に職を得て、システムエンジニアとして働いた。半端なく残業が多く、ある程度のキャリアを積むと転職する人が多い業界だ。安村さんもその後に、マーケティングの業界へと方向転換をする。目下、勤続一四年になるのは、アメリカのマーケティングリサーチ会社の日本法人だ。さまざまな分野のリサーチ結果を分析し、それをまとめる業務は「自分に合っていると思う」。パソコンのスキルがめっぽう高く、英語も堪能で、日々インド人やアメリカ人と電話で議論する。シンガポールに一年近く赴任していたこともある。

いい意味で、アカデミックスマートだ。一方で、四〇歳過ぎから趣味で始めたビブリオバトルを生活の一部とする。社会人大会の初代「チャンプ本」獲得者に輝くなど、ビブリオバトル界でも覇者だ。

妻の真澄さんとは、結婚して二〇年余りになる。夫婦に子どもはいない。札幌で二年半暮らした後、東京に戻り、西荻窪のアパートに住んでいたときに保護猫の三郎を迎え、「ペット可」の用賀のマンションに移った。真澄さんは派遣社員で、都内の図書館に勤めていた。「Jリーグとプロ野球を生で観戦するのが好きだったので、夫婦であちこちに〝観戦の旅〟をしたし、映画も二人でよく観に行きました」

仕事にもプライベートにも、さしたる不満はないが、ふと気づくと、心が乾いている。「もやもや」は、ビブリオバトルに熱中しても解消されないから、やっかいだったのだ。

仲のいいご夫婦だから、そんな心情を、真澄さんに語っていたのだろうと思いきや、「いえ、妻が、猫本屋を開くプランを知ったのは二〇一六年の三月下旬。新宿の鳥料理の店で、でした。家では、もやもやも猫本屋のことも、まったく口にしていませんでしたから。その日も、実際には妻に告げたのではなく、夫婦共通の友人の前田さんと三人で食事をすることになり、そのお店で、ぼくが前田さんに猫本屋のアイデアを相談したんですね。それを、妻が横で聞いていた、という形でした」

ずいぶんですね、びっくりしたでしょう、と真澄さんに言うと、

「最初は、この人何を言っているんだろうと、ぽかんとしてしまいました」

しかし、真澄さんは良き理解者である。「そりゃあ、そういうことが本当にできるなら、できるに越したことはない。彼は計算が得意で、損をするようなことは絶対にしない人なので、反対する要素はないなと思いました」

夫婦共通の友人の前田さんとは、幻冬舎の編集者、前田香織さんだ。二〇一二年に、紀伊國屋書店新宿南店で開催されたビブリオバトルに、主催者から「編集者も参加して」と頼まれて、他社の編集者と共にバトラーになったのがきっかけで、安村さん夫妻と知り合った。その後も時折、ビブリオバトルに参加しているそうだ。

その前田さんが言う。

「普段、編集者同士では、著者の情報や販売数などを交えた本の話をしますから、純粋に本の中身だけを言い合えるビブリオバトルは新鮮です。私は、ビブリオバトルから、編集のネタをもらっています」

「編集のネタ」の一例を挙げてもらうと、東大大学院生のバトラーが紹介した『サイエン

スジョーク』（亜紀書房）を読んだことを端緒に、その著者の物理学者・小谷太郎さんにアプローチし、『理系あるある』『言ってはいけない宇宙論』（共に幻冬舎新書）の二冊を作ったという。

同じように、あるとき安村さんがビブリオバトルで熱く紹介した『盆踊り―乱交の民俗学』（作品社）を読んだことをきっかけに、著者の下川耿史《こうし》さんに声をかけ、『エロティック日本史』（幻冬舎新書）ができあがった。二〇一六年三月の会食は、そのお礼に、夫妻を食事に招待した場だったそうだ。安村さんにとっては、プランを口にする最初の機会。まだ企画書は一枚も書いていなかった。

「猫がリアルにいて、お茶とビールが飲める猫本屋。新刊も古本も置いて――と、輪郭をお話しになったのですが、安村さん、すごいな、ビブリオバトルの王者がとうとう本屋さんになるんだと感動しました。本屋は厳しい状況だけど、安村さんは用意周到な方だから、きっと成功させると思いましたよ」

前田さんがそう話したと言うと、安村さんは、「ぼく、計算高いところと、天然ボケなところが半々ですから」と照れた。

なお、このときに前田さんが、「猫の匂いが本につくのを気にするお客さんもいるだろうから、猫のいないコーナーも作るほうがいいのでは」とアドバイスしたことにより、安村さんは、新刊と古本のスペースを分けようと思い立った。

この日から、「もやもや」どころでなくなっていったのは言うまでもないが、安村さんは「パラレルキャリア」を選んだ。継続して会社に勤めながら、キャッツミャウブックスを開く。冒頭、「本屋だけで食べていくのは大変だし、しばらくは会社員としての収入があってこそ、精神的な余裕をもってやりたいことがやれるから」と言っていた。究極のところ、経済のリスク回避だとわたしは理解したが、そればかりではないと安村さんは言う。また、パラレルキャリアとは、昔からいわれる「二足の草鞋《わらじ》を履く」「ダブルワーク」とも、意味合いが違うらしい。

「旧来的なワードは、〝どっちつかず〟の印象があり、一方が本業で、もう一方が副業とはっきりしていると思えるんです。対して、パラレルキャリアは、両方の仕事が、精神的な意味を含めて互いに補完しあっていて、主従がない」

元は、P・F・ドラッカーが、一九九九年に『明日を支配するもの――21世紀のマネジメント革命』(ダイヤモンド社)で、「パラレル・キャリア(第二の仕事)、すなわちもうひとつの世界をもつこと」として採用した言葉だが、安村さんが著者のナカムラクニオさんにサインをもらったという、そのものずばりのタイトル『パラレルキャリア―新しい働き方を考えるヒント１００』（晶文社）には、こう説明されている。

〈自分が幸せになる『福業（HAPPY WORK）』を日常に取り込む働き方〉

第2章

キャッツミャウブックスができるまで［具体的準備編］

賃貸ではなく自宅兼店舗にするメリット

二〇一六年五月末にプランができあがった途端、安村さんに「引き寄せる力」が備わったのか。神様が味方してくれたのか。あれよあれよという間にコトが運び出した。それも、アメーバ状の広がりを見せながら。

まず、「これからの本屋講座」を受講した、横浜・みなとみらいのシェアスペース「BUKATSUDO」のコンテンツ・プランナー（講座の企画・運営を担当）、平賀めぐみさんが図らずもその軸となってくれた。「BUKATSUDO」は、不動産のリノベーション分譲やコンサルティング、ホテルなどの事業を行う株式会社リビタ（本社＝東京都目黒区、京王電鉄の子会社）がプロデュースするもので、平賀さんは同社の社員だ。

「安村さんが受講されたのは第七期でしたが、『これからの本屋講座』は回を重ねていく中で、『いつか自宅で本屋をやりたい』という方が増えているという印象がありました。そこで、事例研究と参加者同士の交流をねらいとして〈いつかはじめたい『自宅兼店舗』

入門〉を企画したんです」

「BUKATSUDO」で別の講師をしていたナカムラクニオさんにモデレーター（司会役）を引き受けてもらった。

自ら経営する「6次元」は自宅兼店舗ではないが、ナカムラさんは司会、調整も得意だ。実際に「自宅兼店舗」の形でカフェや雑貨店をオープンさせた人たちからリアルな話を聞き出し、受講者が具体的なプランを立てて意見交換しようという連続講座となる。

安村さんは「これからの本屋講座」の受講期間中に、この講座が開かれることを知り、一回分だけ申し込んだ。リビタのコンサルタントが講師を務める「プロに聞く！　物件選びのポイントやお金のこと」というタイトルの回だった。他の回も申し込むかどうかは、時間的なこともあるし、一回聞いてから決めたらいいやと思っていた。

「ところが、ある日、平賀さんに満面の笑みで『自宅兼店舗講座のお申し込み、ありがとうございます』と言われて、グラッときたんです。反射的に、あ、ぼくはこの人についていこう。申し込んでいた回以外の回も受講しようと思っちゃった」

いつもクールな安村さんも、若い女性の笑顔に弱かったのだと、ちょっと可笑《おか》しい。この講座との出合いがなければ、「自宅兼店舗」の発想はなかったという。

「ぼくは、住まいはずっと賃貸派で、家を買おうと思ったことなど一切なかったんです。近いうちに、大地震か戦争が起きると思っているので。それに、購入してしまうと、隣近所に頭のおかしな人がいた場合に逃げにくくなり、面倒だから」と独特の主張をする。「ところが『自宅兼店舗』講座で話を聞いて、ハッとした。住まいと店舗とダブルで家賃を払うよりも、家を購入して自宅兼店舗とし、ローンを払うほうが賢いようだ、と。新築は高くて手が出ないから、築年数の古い建物を自分仕様にフルリノベーションする方法を頭に入れて、物件を探してみようという気になったんです」

BUKATSUDOの連続講座が、プランニング時点では思いもしなかった「自宅兼店舗」という方法へと、安村さんを導いたのだ。そればかりか、六か月後に、平賀さんは「資金調達からPRまで、徹底解説！最新『クラウドファンディング』活用講座」も企画する。おかげで、安村さんはクラウドファンディングをして資金調達に成功することになる。

「二つとも、まるでぼくのための講座（笑）。平賀さんにレールを敷かれちゃった感じです」と安村さん。

さらに、もう一つ。ビブリオバトルを縁に三年ほど前からナカムラクニオさんと面識があったとはいえ、「親しい」というほどではなかった。ところが、この「いつかはじめたい『自宅兼店舗』入門」講座のおかげで、モデレーターを務めたナカムラさんとの距離がぐっと縮まった。

「ぼくは、自著（『パラレルキャリア』）の中に、新しい働き方を考えるヒントとして、『ツッコミビリティを大事にする』と書きましたが、安村さんは、講座でも〝ツッコミビリティ〟盛りだくさんな人で、モデレーターとしても、場が盛り上がって助かりました」

と、ナカムラさん。ツッコミビリティって、何なのですか？

「ツッコミ＋ability（力量、手腕）のこと。突っこみやすさ、突っこまれやすさ、を意味する、ぼくの造語です。安村さんはいろいろなところに『それ、どういうことですか？』といい感じでツッコミを入れてくれる」

さらに、『パラレルキャリア』に書いた、「スキスキ」と言い続けて趣味を仕事化する「スキスキマーケティング」も、「カステラが食べたい」「カステラが食べたい」と常々言っているとカステラが自然と手に入る「カステラの法則」も、安村さんはばっちり実証してくれた──と、ナカムラさんは口角を上げ、「安村さんに猫のイラストを頼まれたのも、うれしかった」と言う。

『パラレルキャリア』には、ナカムラさん自作のイラストが随所に描かれていて、その中には猫のイラストもある。つぶらな瞳、やや四角い顔の猫の線画だ。それを「一目で気に入った」安村さんが、名刺や看板やブックカバーに使うための猫のイラストをナカムラさんに依頼した。「有名人のナカムラさんに描いてもらったこと自体も、店の宣伝になるかもしれないと、邪《よこしま》な気持ちもちょっとあったんですが（笑）」

安村さんの協力者は、この後、まだまだ出てくる。

試行錯誤の資金計画
——マイナス思考を避けてシミュレーション

賃貸店舗にしろ、自宅兼店舗にしろ、本屋を開業するには、いったいいくらの資金が要るのか。

「これは、あくまでプランニング時の試算ですが」と前置きの上、安村さんが資金計画を見せてくれた。

二〇一六年一月に荻窪（杉並区）で新刊書店「Title」を開業した辻山良雄さんが、翌

初期投資費用

店舗賃貸	200万円(月家賃×10か月分＝礼金、保証金、手数料、前家賃)
古本ゾーン改装	200万円(猫用設計含む。)＊クラウドファンディング対象
新刊ゾーン改装	100万円
店舗什器購入	100万円
古本仕入	120万円(400円×3000冊)
新刊仕入	400万円(2500円×2000点×80％)
グッズ仕入	21万円(1000円×300点×70％)
CD仕入れ	14万円(2000円×100枚×70％)
備品・事務機器購入	30万円(FAX・PC・音響・通信設備など)
宣伝広告	30万円(Webサイト構築を含む)
消耗品購入	10万円(書皮・商品袋など)
合計	1225万円

一七年一月に上梓した『本屋、はじめました』(苦楽堂)で、同店の初期投資計画などが明らかにされたが、安村さんが資金計画を立てたのは、その半年前だ。当時、本屋開業資金について書いた本が一冊も出ておらず、ネットの情報にも上がっていなかったため、『ブックカフェを始めよう!』(河野真・長野一哲・荒井美名・楠元武久著、日本ブックカフェ協会編、青弓社)など何冊か出版されていたブックカフェの開業に関する本をヒントにして積み上げたという。

賃貸店舗の想定だ。月家賃を「坪一万円」として、二〇坪の物件を探すつもりだった。件《くだん》の〝掛け算〟で言うと、「本×猫×カフェ」。店内を古本ゾーンと新刊ゾーンに分け、猫は古本ゾーンだけを住処にしてもらおうという計画で、古本ゾーンの改装費をクラウドファンディングに当てるのは、猫に共感してくれそうな層からの寄付を念頭においたからだ。古本三〇〇〇冊、新刊二〇〇〇冊の合計五〇〇〇冊を並べようと考えた。「CD仕入れ」の項目が入っているのは、当初、猫の写真やイラストがジャケットに描かれたCDも販売するつもりだったためという。

先に書いた『本屋、はじめました』にも、初期投資計画として一一三三万円という金額が挙がっている。わたしは、初期投資額について、豊島区の六坪の古書店主から約一二〇〇万円、中野区の一二坪の古書店主から約一五〇〇万円だったとこっそり聞かせてもらったこともある。大まかにそれらと比べても、安村さんの初期投資計画はそこそこ現実的だったのではないか。ところが、ご当人は、こんなふうに言う。

「今思えば、〝絵に描いた餅〟的な部分が多々あり、『目に見えないお金』がどんどん出ていくことに、この時点では考えが及びませんでした」

「目に見えないお金」には、猫の健康を維持するための医療費、スリッパ、ビアグラスを冷やすための冷蔵庫など備品費があったという。詳しくは後述する。

「計画というものは、得てして思いどおりには進まないものですが、計画なくして一歩は踏み出せません」

しみじみと語る言葉に、実感がこもっている。

支出（1か月／運営費用）

家賃	20万円（1万円／坪 管理費・共益費含む）
光熱費	5万円（5000円／坪の50％）
人件費	20万200円（アルバイト時給910円×22日×10時間）
書籍仕入	58万5000円（新刊売上の80％＋古本売上の70％）
ドリンク仕入	17万7000円（回数券分含む ドリンク売上の40％）
グッズ仕入	31万5000円（グッズ売上の70％）
CD仕入	4万2000円（CD売上の70％）
猫用費用	1万9500円（6500円／頭 フード・猫砂・病院代等）
寄付金負担	7万3250円（書籍・グッズ・CD売上の1・25％＋年会費・入場料の20％）
消耗品購入	5万円（書皮・商品袋・マスク等）
その他	3万円（通信費・商店会費等）
支出月額合計	174万1950円

売上（1か月／最低目標）

	単価	数量／月	金額／月	
新刊売上	20000円	30	60万円	単価は1日当たり売上
古本売上	5000円	30	15万円	単価は1日当たり売上
グッズ売上	15000円	30	45万円	単価は1日当たり売上
CD売上	2000円	30	6万円	単価は1日当たり売上
古本ゾーン入場料	500円	450	22万5000円	15人／日
アルコール売上	600円	450	27万円	15杯／日
ソフトドリンク売上	300円	450	13万5000円	15杯／日
自主企画イベント売上	1000円	40	4万円	月4回各10人集客
古本ゾーンイベント貸出	5000円	4	2万円	月2回各2時間
新規会員年会費	5000円	10	5万円	
入場料回数券売上（6枚組）	2500円	5	1万2500円	
ビール回数券売上（6枚組）	3000円	10	3万円	
コーヒー回数券売上（6枚組）	1500円	5	7500円	
売上目標月額合計			205万円	

利益（1か月／最低目標）

支出	174万1950円／月
売上	205万円／月
利益	30万8050円／月

運営費用（支出）に「人件費」を計上しているのは、安村さんが会社員の時間帯つまり平日の日中は、アルバイトを雇用するつもりだったからだ。「夫婦で猫本屋をする」という発想はなく、従来どおり真澄さんは勤務を続けるだろうと思っていたのだが、自宅兼店舗の案の浮上によって、「それなら、昼間は私が店にいようか」と、真澄さんのほうから持ちかけられたのだという。

売上に記された「古本ゾーン入場料」は、猫のいる古本ゾーンに入るにあたって、一人五〇〇円の入場料を徴収しようと計上したが、この案はほどなく取りやめた。「先例がないので、反発を買ったら損」「猫カフェのように思われると嫌」「猫と遊んで、本を買わずに帰る人を助長することになったら、本末転倒」と思い直したかららしい。

ともあれ、わたしが少し驚いたのは、売上目標月額（一二〇五万円）のうち、新刊と古本を合わせた本の売上合計（七五万円）が約三七％であることだ。「本×猫×飲み物」の掛け算の店とはいえ、「本」の割合が少なすぎやしないかと思ったのだが、それは外野の勝手なつぶやきにすぎないと後に考えを改めた。以前、あるブックカフェの店主が、「店内で、和手ぬぐいと本を掛け合わせたイベントをしたら、和手ぬぐいが本の一〇倍以上売れた。利益率も和手ぬぐいのほうがはるかに高く、本屋として複雑だった」と話していた記憶がある。「本屋B&B」の内沼さんから、本屋になるのは「これまでの本屋と同じようにやってても続けていけないことを諒解し、それでも本屋をやりたいと強く思う人」と聞いたことも思い出して、勝手なつぶやきを取り下げたのである。

もっとも、売上目標月額（二〇五万円）を、当初計画では定休日を設けないつもりだったそうなので三〇日で割ると、一日の売上目標が約六万八〇〇〇円となる。神保町の古本屋さんですら、「客足は天候にも左右され、売上が二万円に満たない日もある」と言っていたから、正直なところ、希望的数値に過ぎないと思ってしまう。

さらに、この運営費用（支出）、売上目標どおりに店が回り出すまで仮に三か月かかるとすると約五二五万円、（約一七五万円×三）、六か月かかるとすると約一〇五〇万円（一七五万円×六）の運転資金が必要ということになるが、安村さんは、そのようなことは承知の上で、敢えてマイナス思考を避けてシミュレーションし、「一か月に約三〇万円の利益が出る」と試算して、自身を鼓舞したという。

イラストロゴを使ったオリジナル缶バッジも販売する

商標登録しよう！

自身を鼓舞し、プラス思考の中で、安村さんはキャッツミャウブックスのイラストロゴを商標登録することを思いつく。

「誰かのすすめがあったわけではなく、オリジナルの発想です。ナカムラさんにお願いしたイラストロゴが上がってきたのを見たとき、すごくかわいくて、これを誰かに勝手に使われたら嫌だなあと思ったのがきっかけでした」

同じく猫的なキャラクターのドラえもん、キティちゃんをはじめ、いわゆる〝パクリキャラクター〟が中国で蔓延しているのは周知のとおりだ。二〇二〇年の東京オリンピックのエンブレム盗作疑惑ニュースが連日取り上げられたことも記憶に新しい。「いずれこのイラストロゴを使って、文具や雑貨も作りたい」と考えるうちに、イラストロゴの意匠《いしょう》権だけでなく、店名を含めた商標権を取り、「『猫のいる猫本屋』『収益の一部を保護猫活動へ寄付』という店のコンセプトそのものを守りたい」「姉妹店やフランチャイズに拡げていけるかもしれない」と夢を大きくふくらませたという。

商標権とは、自社の商品と他社の商品とを区別するための文字、図形などを独占的に使用できる権利だ。他人に商標が使われることを防ぐのを目的とする知的財産権の一つで、特許庁の管轄である。一九九二年から、商品登録（トレードマーク）に加えて、役務商標（サービスマーク）の登録が認められるようになっている。

「相談に行った特許事務所では、本屋の商標を扱うのは初めてとのことでしたが、広い視点で捉えると、ビジネス上の拠点を確保する手段を得るためにも有効だと言われました。その事務所の弁理士さんのすすめもあって、最初は猫ジャケのCDの販売も含めた商標権を申請したのですが、『範囲が広すぎる』と一旦棄却されたのち、本屋と文具など〝紙もの〟に限定して申請し直したところ、店のオープン後の二〇一七年一一月に申請が通りました」

〈登録番号 ５９９７０９４〉

お役所用語の転記になるが、「商品及び役務の区分並びに指定商品又は指定役務」として、次のように認められた。

〈書籍及び雑誌の小売又は卸売の業務において行われる顧客に対する便益の提供、印刷物の小売又は卸売の業務において行われる顧客に対する便益の提供、紙類及び文房具類の小売又は卸売の業務において行われる顧客に対する便益の提供、商品の売買契約の代理・媒介・仲介・取次ぎ・代行、商品の販売に関する情報の提供、商品及び役務の販売促進・提供促進のための企画及びその実行の代理〉

費用は、出願料と特許事務所への手数料などで一〇万円弱かかったという。一〇年ごとに更新の必要があるが、安村さんは商標登録によって「キャッツミャウブックス」を名実ともに自分の〝顔〟としたのだ。

物件も「猫がつないだご縁」から

さて、いよいよ「自宅兼店舗」の物件探しである。大きな〝買い物〟だ。複数の不動産会社に依頼したほうが、よい物件に出合えるのではと思えるが、安村さんはストイックだった。「これからの本屋講座」「いつかはじめたい『自宅兼店舗』入門」と受講したBUKATSUDOへの恩義から、物件購入に始まり、リノベーションまでの総合プロデュースを「株式会社リビタにのみ依頼しよう」という気持ちが揺らがなかったのだ。そのことが、おそらく功を奏することになる。

「〝猫つながり〟が、できていったんです」

と安村さんが言う。物件探しの担当者も、リノベーションの設計を任せる建築士も、「猫」がつないでくれた縁からだったらしい。

ある日、安村さんはリビタのウェブサイトをじっくりと見た。

リビタという社名に「くらし、生活をリノベーションしたい」という想いが込められた不動産会社だと説明されている。「『古いもの＝価値があるもの』の時代へ」とのキャッチにも共感しながら、リノサポ（中古不動産購入とリノベーションの全工程をサポートするサービス）の社員紹介ページに進むと、コンサルタントの社員一四人の顔写真が載っていて、クリックすると各人の一言コメントがある。その中に、ドキンとする一言を見つけた。

〈三度の飯より猫と併用住宅〉

山田笑子《えみこ》さんという人のコメントだった。さらにクリックすると、山田さんのこんなプロフィールが出てきた。

〈一級建築士／二級建築士　生活科学部環境デザイン学科卒　新潟県出身。建築設計事務所を経て、二〇一五年よりリノサポコンサルタントへ。設計事務所での経験を活かした、〝お客様の要望＋アルファ〟のプラン提案が得意です。ライフワークは「ねこ」。ねこと暮らす家の実績もございます。また、保護ねこ団体さんでのボランティアも行っています〉

「即行、この人に物件探しをお願いしようと思いました」と安村さん。さっそく、BUKATSUDOの平賀さん（リビタ社員）に山田さんを紹介してもらったところ、「この人なら、ぼくの猫への思い、猫本屋開業への希望を過不足なく受け止めてくれるに違いない」という直感が当たった。

山田さんは、なぜ「三度の飯より猫と併用住宅」「ライフワークは『ねこ』」とコメントしたのか？　山田さんに聞いた。

「設計事務所に勤めていた前職のとき、事務所に一匹の猫が迷い込んできて、ベランダで赤ちゃんを四匹産んだんです。母猫は、一か月ほどして、四匹のうちの一匹を連れて姿を消しました。残された三匹の赤ちゃん猫のうち、二匹はご近所さんにもらっていただけましたが、一匹の引き取り手が見つからなかった。それで、事務所で育てることになり、私が一番下っ端だったので、その子の世話係になったんです」

安村さんが、三郎を保護したときの話に似てやしないか。三郎は生後間もなくだったが、その子は生後一か月ほどと、保護した時期の差こそあれ、山田さんも、放置すると命を落とすことは免れない赤ちゃん猫を育てた経験があったのだ。人間用の牛乳ではお腹をこわすので、子猫用のミルクやキャットフードを買ってきて、小まめに与えたという。

「それをきっかけに、すっかり猫好きになっちゃって。広く保護猫の状況に関心を持ち、保護猫団体でボランティアもするようになりました」

そんな山田さんが、安村さんの物件探しやリノベーションを総合的にサポートすることになったのだ。

「松陰神社前あたりで」「三〇坪ほどの広さで」という安村さんの要望に沿って、いくつかの物件を共に見て回った。しかし狭い物件にしか空きがなかったため、希望エリアを世田谷線の沿線に広げたことは、先述した。

安村さんが、松陰神社前を希望する理由の一つに、「商業地ではなく、お客さんがわざわざ来てくれる地だから」を挙げたため、山田さんは「入谷《いりや》（台東区）と、早稲田（新宿区）や雑司が谷も候補に広げませんか」と提案した。

「お客さんがわざわざ来てくれる地がいいというのは、〝猫ファースト〟だからです。不特定多数の人に店に入って来られたら、猫に負担になる。本をたくさん売りたいのは山々ですが、猫たちに負荷がかかることは避けたかったんですね。上野の東側と、早稲田、雑司が谷もすぐに見に行き、そのエリアを歩きました。いくつかの新しいお店ができてきている住宅街で、なるほど、猫ファーストもでき、これから注目されそうなエリアだなとは思ったんですが、ぼくにはダメでした」

なぜ？　の問いに、「う〜ん、ぼくはやっぱり〝東京左半分〟の空気感が好きだから」

安村さんが一八歳で上京してから住んできた地は、八幡山（杉並区）、都立大学（目黒区）、高円寺、西荻窪、用賀。確かに東京の左半分ばかりである。中でも用賀住まいが一五年を超え、世田谷にマイタウン意識が芽生えていたのだろう。

かくして、物件探しは、若林（世田谷区）、世田谷、上町《かみまち》（同）など世田谷線沿いの駅を行きつ戻りつした末、西太子堂駅から徒歩二分の今の物件と巡り合ったのだ。

築三三年の二階建ての建売住宅で、空き家になって半年ほどになる。土地面積は約三二平米。正面一階の壁面に茶色いタイルが使われている以外は変哲もない木造。一階にキッチンと六畳間、バス、トイレがあり、二階には六畳間二室と三畳一室。４ＤＫの家だ。玄関が北向き。東側の小道沿いには、背丈ほどのブロック塀が続き、小さな庭がある裏側（南側）も道に面していた。

「最初に山田さんの案内で見に行ったのは、二〇一六年の夏でした。会社の帰りで夜だったので、暗くてあまりよく分からなかったのですが、あたりは上品な住宅街といった感じ。そこに、しっくり馴染んできた普通の家という印象でした」と安村さん。

山田さんは、「この物件は、お店と生活のバランスがいいですよ、と申し上げました。それまでに何軒もの物件をご紹介、二軒を実際にご案内していましたが、安村さんは、お店のことで頭がいっぱいで、住居のことをあまり考えておられなかったようなんです。でも、自宅兼店舗として実際に住むには、スーパーが近いなどの住環境と、きちんと居住部分もとれるかといったことも大切なので、ここなら大丈夫ですよとお伝えしました」

　数日後の週末の昼間、安村さんは真澄さんも伴い、再び見に行った。駅からの道には、物件と同じくらいの広さの戸建ての家や、近年建ったらしい二階建てのアパートが並んでいる。静かな住宅街というエリアの好印象は変わらなかったが、鍵を開けて、がらんとした物件の中に入ると、どの部屋にも経年劣化をまじまじと感じた。しかし、「古いながらも、以前の住人が、大切に住んだ家なんだろうな」とふと思ったとき、

「いいんじゃない、ここ」という真澄さんの声が聞こえた。

「理想より狭いけど、三面から光が入るし、いいよね、ここ」

「三郎が外を見る場所、たくさん作れそう」

「さっき、外でも猫が鳴いてたし」

「そうそう。私も猫の鳴き声を聞いた」

「ここにしろって猫に呼ばれてるのかも」

「そうね、きっとそうだわ」

　こうして、物件が決まった。

資金問題とクラウドファンディング

物件の決定は、もちろん価格も照らし合わせた結果だったが、いざ決まると、たちどころに総合的な資金の工面が必要となった。

当初の資金計画が、自宅兼店舗の購入になったことで、施設に関わる費用がぐんと跳ね上がる。安村さんは自己資金と親からの援助で一五〇〇万円ほどを用意できたので、当初の資金計画では、公的機関から借り入れしなければいけない額を「五〇〇万円ほど」と目算していたが、そろばんの弾き直しを余儀なくされた。

「一緒に考えましょう、と山田さんが親身になってくれました」と安村さんが振り返る。

山田さんが算出してくれた、株式会社リビタの書式による「総予算」の内訳は、コンサル料、設計料、仲介手数料、検査・その他諸費用、工事費、物件価格だったが、「例えばコンサル料に何と何についての料金が含まれているのかとかが専門的すぎて、何度質問して答えてもらっても、ぼくには理解できなかった」。しかし、山田さん、もっと言えば株式会社リビタとの信頼関係ができていたから「トータルの金額さえ分かればいいか」と考えることにしたそうだ。いずれにしろ、当初予定以上の借り入れが必要となった。

ちなみに新規事業を始めるにあたって、開業資金は日本政策金融公庫から借り入れをするのが一般的だろう。日本政策金融公庫のホームページによると、新規開業資金の限度額は七二〇〇万円（うち運転資金四八〇〇万円）、返済期間は設備資金分二〇年以内（うち据置期間二年以内）、運転資金七年以内（同二年以内）、年利（無担保・無保証人の場合）一・二一〜二・七五％となっている。しかし、安村さんの場合は、自宅兼店舗での新規事業だったため、必要額を自宅用と事業用に明確に分けることができず、申し込みが困難だった。

「あの頃、寝ても覚めても、お金のことを考えていました」と安村さんは苦笑する。

店舗兼住宅の購入には、住宅ローンが適用されないことが多く、金融機関によって、申し込み資格も利率も微妙に異なる。初めて知ることばかりだった。いくつかの金融機関にアプローチするなど四か月間奔走し、二〇一六年一二月にようやく融資がかなった。

「その間、契約の早い時期に、売主に手付け金二二〇万円を支払わなければならない事情が生じたんです。バタバタしながらも、自己資金から支払いました」

こうした話を聞くと、町に数多ある小売店や飲食店が、みんなとても偉く見えてくる。

新規開業する店の主は、多かれ少なかれ、こうした借り入れや支払いをして、懸命に切り盛りしているのだ、と。

時間が少し飛ぶが、先にも触れたように、安村さんは資金集めにクラウドファンディングも利用した。

二〇一六年一二月から二〇一七年一月にかけて、BUKATSUDOで、全三回の「資金調達からPRまで、徹底解説！　最新『クラウドファンディング』活用講座」を受講する。この講座の案内に、「今やクラウドファンディングは、アーティストやクリエイターによるものだけではなく、コミュニティや場所づくり、展示や町おこしなどのイベント開催、そして新しい社会の仕組みづくりなど、誰もがさまざまなプロジェクトの仕掛け人として一歩踏み出すために、有用な手段として認知されてきています」と記されているとおり、クラウドファンディングは、近頃とみに注目を集めている。

プラットフォーム（基盤組織）には、社会貢献、ファッション、地域プロジェクトなど分野を特化したところが多いが、多種多様な分野が一堂に会し、日本最大級のところがCAMPFIRE。この講座は、CAMPFIREの社長、家入一真《いえいりかずま》さんらを講師に迎え、クラウドファンディングの仕組み、法則などのレクチャーに始まり、アイデアを出して寄付を募るページをまとめるワークショップまで組まれ、実践につながる内容だった。
「成功と失敗の例も教えてもらえて、とても有効でした。やるからには絶対に失敗したくない。講師の方々の指導を受けながら、どう書いたら一人でも多くの人の共感を呼ぶかを必死で考えて文面を練りました」
クラウドファンディングで寄付を募るのは、開店の日が決定してからでないとリアリティがない。満を持して、CAMPFIREをステージに、こんな呼びかけ文が公開されたのは、二〇一七年五月二五日だ。

〈猫のいる、猫本だらけの本屋をつくって、幸せになる猫を少しでも増やしたい！〉

目標金額は一一二万五〇〇〇円。「いいにゃんこ」の語呂合わせだ。
呼びかけ文の左横には、「Cat's Meow Books」と書いた本の上から、つぶらな瞳の猫が顔を出しているイラストと、本屋の正面、側面、裏面のイメージ線画。

〈保護猫が本屋の〝顔〟となり、本屋が売上から猫の保護活動を支援する。そんな「猫と助け合う本屋」を二〇一七年八月八日（世界ネコの日）東京・三軒茶屋にオープンします。そこには猫が出てくる本ばかりを集め、猫が昇り降りできる専用の本棚を通じて、猫と人が共にくつろげる空間をつくりたいと考えています〉

その続きには、猫好きと本屋好きの人たちの心を揺さぶる、猫本屋開業への熱い思いが延々と綴られた。非常に的を射た文章なので、ここに引く。

▼猫のいる本屋があれば行ってみたくなりませんか？

はじめまして。安村と申します。
猫が好き。本が好き。ビールが好き。
そのすべてが揃った本屋をつくりたい。
そして無事にオープンできたら、猫につぐないをしたい。
なぜなら、それは……。

▼猫への想い

いま自宅では「三郎」という名の15歳になる猫と暮らしています。

三郎はかつて私が住んでいたアパートの庭先で、生まれたばかりの目も開いていない頃に、母猫から育児放棄されたところを保護しました。

そんな子がいままで元気でいてくれたことには大感謝していますが、悔やんでも悔やみきれないことがあります。

三郎にはふたりの兄弟がいました。

当時、ペット禁止の部屋に住んでいた私は、一晩中ミーミーと泣き叫ぶ彼らをどうすることもできず死なせてしまったのです。

これまでは三郎だけでも大切に育てていくことが、せめてもの償いと考えていました。けれども、その間にもっと他の猫たちにできることがあったのではないか。

私が住んでいる東京都でも、全ての猫が幸せになれるように保護活動をしている方々がたくさんいらっしゃいます。

そこで「理想の本屋をつくる」という自分なりの方法で、猫の保護活動を手伝いたいと思うに至ったのです。

▼猫と本屋の助け合い

本屋をオープンするに当たり、具体的にできることは何かと考えました。

まずは里親が見つからない保護猫を店員として迎え入れ、直接的に助けよう。

次に、本屋の売り上げの一部を猫の保護活動をされている団体に寄付しよう。

しかし、いまの時代に本屋は儲からないと言われ、実際に書店の数もどんどん減っている。

そうだ、店員たちには看板猫として本屋の宣伝をしてもらおう。

助けた猫に本屋を助けてもらおう。

その代わり、本屋も他の猫たちを助ける。

「**猫と本屋が助け合う**」、そんな関係をこの店では築いていくつもりです。

▼このプロジェクトで実現したいこと

開店予定の物件は、東急田園都市線の三軒茶屋駅から歩いて8分ほど、世田谷通りの商店街から少し入った普通の住宅街にあります。

いわゆる〝町の本屋〟が次々と消えていくなか、「こんな本屋があったなあ」と近所の子どもたちの思い出に残るような、本と共に猫がくつろいでそこにいる空間をつくりたい。

お客様には、保護猫が本のそばで安心してゆったりと暮らしている姿を見ていただきたい。

そして、そんな空間でお客様にもゆったりと本を選んでいただきたい。


〝猫と本と人が共に遊んでいる空間〟

――猫に会いに来ることで知らなかった本とも出逢える
――本を買うことで猫を助ける活動の支援もできる
――本を読むことで猫をもっと好きになれる

そんな場所をみなさんと一緒につくることができればと願っています。

そこで、猫が自由に昇り降りできる本棚や、本を読んでいるお客様を天井近くから見渡せるキャットウォークの作成費と、店員猫たちの福利厚生のためのトイレや寝床の購入費を支援していただければ大変嬉しいです。

▼どんな本屋？

店名は「**Cat's Meow Books**〈キャッツ・ミャウ・ブックス〉」と言います。

ここは保護猫カフェではありません。「**猫のいる本屋**」です。

そして、新刊・古書を問わず「**猫本だらけの本屋**」です。

〝猫本〟と言っても猫の絵本や写真集だけではありません。

例えば主人公が猫を飼っている小説や、猫が表紙に描かれている人文書など、少し探してみると思っている以上にたくさんの猫関連の本があることに気づくはずです。

そこで、**〝店内にある本には必ずどこかに猫がいる〟**本屋にします。

ちなみに、ネット通販を行う予定は今のところありません。

それは、みなさんに直接〝猫本〟を手に取っていただき、紙の質感やにおい、装丁や中身のデザインなど、（店員猫の視線を感じながら）本そのものの魅力を再発見することで、さらに本と猫を好きになって欲しいからです。

店内のつくりとして、店員猫は店の奥にある古本ゾーンにいます。また、入口の近くは新刊ゾーンとなります。

古本ゾーンのキャットウォーク付近や2階の床には、猫が新刊ゾーンをのぞき込める小窓を設けてありますので、軽い猫アレルギーの方でも、新刊ゾーンから天井の近くを見上げると猫と目が合うかも知れません。

猫カフェではありませんが、猫ラベルのドリップコーヒーや、樽生ビールなどもご用意しますので、猫と本と飲み物を同時にお楽しみいただけます。

他に猫ジャケットのCDや、猫が出演しているDVDも並べる予定です。

そうそう、もちろん里親を探している保護猫たちの情報を発信するアンテナショップにもなります。

ちなみに**【cat's meow（キャッツ ミャウ）】**はアメリカの俗語で**「素晴らしい／最高のもの（人）」**という意味があるそうです。猫とお客様にとって最高の本屋にすることが目標です。（中略）

▼資金の使いみち

目標の「いいにゃんこ円」までご支援いただいた場合に想定している利用内訳は下記

の通りです。

○猫と本の共存設備（専用本棚・キャットウォークなど）作成費：80万円
○店員猫の福利厚生設備（トイレ・ベッドなど）購入費：9万円
○保護活動団体への寄付：6万円
○リターン：12万円
○手数料：6万円

ちなみに、CAMPFIREさんは手数料が他のクラウドファンディングのプラットフォームと比べて格安ですので、節約できた分を猫の保護活動団体に寄付いたします。

▼どんな人がやろうとしているの？

改めまして、Cat's Meow Booksで「猫と本の係」をつとめます安村正也（ヤスムラマサヤ）と申します。

1968年8月6日に大阪で生まれ、岡山県津山市で育ちました。

現在は本屋と関係のない会社員をやっており、猫と本（そしてビール）を愛している以外に特別なノウハウはありませんが、残りの人生を猫の保護支援と本屋に捧げようと

考えています。（中略）

▼最後に

「あなたは猫派？　それとも犬派？」なんてことをみなさんも訊かれることがあると思いますが、実は私はどちらも大好きです。

（店の玄関先にはワンコの散歩中にもお立ち寄りいただけるよう、ドッグポールを立てる予定です。）

そんな猫や犬が、いまでも殺処分されていることをご存知の方は多いと思います。

そして、そんな子たちがみんな幸せに暮らしていけるように活動している方々がいらっしゃることも、最近では（少しずつですが）知られてきているような気がします。

しかし、それを特別な活動であったり、自分には真似できないことだと思い込んでいませんか？

今回このプロジェクトを立ち上げることにしたのは、幸せになる猫や犬を増やすために、自分なりの手伝い方が誰にでもあるということを知って欲しかったからです。

がっつり保護活動をされている方々からすれば、相当に甘っちょろいことを書いていると思われるに違いありませんが、猫や犬の命を少しでも救いたいという想いは同じです。

ここまでの内容に少しでも共感していただけたならば、今回はご支援いただけなくても、こんなプロジェクトが立ち上がっていることや、こんな本屋がオープンするということを誰かに広めていただき、いつかちょっとだけでも店にお越しいただければ幸いです。猫たちと一緒にお待ちしております。

最後までお読みいただき、誠にありがとうございました。〉

しかも、文章の合間に、愛らしいしぐさの猫の写真がちりばめられているのである。

この呼びかけ文は、さっそく目をひいた。驚くなかれ、公開二五日目の六月一八日に、目標の一二二万五〇〇〇円に達した。一人三〇〇〇～五〇〇〇円のパトロン（支援者）が多かったが、さらに六月二八日まで追加募集を行う中、高額のパトロンも現れた。最終的に、延べ三〇三人から総計二七二万七八四二円もの額が集まったのだ。

「目標金額の二二三％にのぼるご支援を頂戴できたなんて、想定以上でした。感謝の気持ちでいっぱいになりました」（安村さん）

「猫がいる本屋」のための特殊なリノベーション

次々とやらなければならないことが出てきて、目の回る忙しさだった中、安村さんにとって最もうれしいステップだったに違いないのが、物件のリノベーションだ。

株式会社リビタには、「パートナー登録」という形で、三〇社近い設計事務所が登録されている。通常は、その中から実績や諸条件を考慮し、コンサルタントがすすめる複数の事務所の中から客が選択するのだという。ところが、安村さんの自宅兼店舗の設計は特殊な案件で、「猫」の生態を熟知した設計者が必要と判断したため、山田さんはイレギュラーで、安村さんの承諾を得て当時はまだ「パートナー登録」していなかった設計事務所へ依頼した。

建築士の伊藤康行さん、山川紋《あや》さんの二人で運営するショセット建築設計室（横浜市青葉区）だ。山田さんは、同僚を通じて山川さんとフェイスブックの「お友達」になり、猫の写真やコメントをアップし合い、「いいね！」をし合う仲だった。ショセット建築設計室のサイトで二人の実績を知っていたことは言うまでもないが、何よりのポイントは、二人が猫を四匹飼っていて、「好きすぎる」ほど猫が好きなことだったという。

わたしも、お二人に会いにショセット建築設計室に行った。設計室は、東急田園都市線青葉台駅から歩いて一五分の広々とした住宅街の中、世田谷美術館を手がけた内井昭蔵《しょうぞう》氏が設計した一九六九年建築の開放的なマンションの一階にあり、この雰囲気からして安村さん好みだなと思った。あいにくその日、お二人の猫たちは、同じマンション内の別室の自宅で留守番の日だったそうでいなかったが、設計室に連れて来る日もあるそうだ。

「リビタの山田さんからご依頼をいただいたのが、二〇一六年の九月二〇日でした。『はい、やらせてください』と二つ返事で引き受けました。猫をご縁に依頼されるなんて、もちろん初めてでした」と、山川さんがにこやかに話す。

伊藤さんも山川さんも、猫を飼っている人の住宅設計やリノベーション物件の設計は手がけたことがあったが、本屋の設計は初めて。ましてや猫が重要な役割を果たすことになる本屋兼住宅のリノベーション設計は、特異な案件だ。最初に危惧したのは、「本に猫の匂いがつかないか」。本と猫をどう共存させるか、猫の動線をどうするかについて、頭をひねった。いや、「頭をひねることを楽しんだ」と書くほうが適切かもしれない。

「山田さんを交えたときも含めて安村さんと九回打ち合わせましたが、一回目から、猫好き同士、話題が尽きなかったんです。すっとわかり合えることがいろいろ出てきて、垣根が低く、楽しかったです」と山川さん。

例えば？

「『本に猫の匂いがつかないか』という私たちの懸念は、猫のいる本屋さんの先例を見たことがないからだったんですよね。安村さんは、猫が本の上に座っていたり、猫と本が共存する海外の本屋さんや図書館の写真を三〇枚ほどネットやツイッターから引いてプリントアウトして持って来てくださって、私たちもすぐに『あ、この雰囲気すてき』と。安村さんの猫本屋さんへのイメージがつかめましたし」

なるほど。匂いの懸念は杞憂だった。猫と本のコラボのツボがピタッとはまったということですね。ほかには？

「猫って心配性で、上から下を見て安心する生き物ですよね、とか」

どういうことですか？

「高齢の三郎に、新しくやって来る四匹の猫と無理なく仲良くなってもらいたい。そのために、三郎が自分の居場所と思えるあたたかい場所が要りますよね――と、重要なことも、初めから共通認識できました」

それが、「猫って心配性で、上から下を見て安心する生き物」に、どうつながるのか。

「猫って心配性な生き物で、安心できる居場所が要るんです。ましてや、三郎は高齢。住まいが変わることは一大事です。二階の住居スペースの上をロフトにして夫婦の寝室にできませんか、というのは住居スペースを有効に使うための安村さんからの依頼でしたが、その寝室が三郎の『あたたかい居場所』にもなって、長い時間を過ごすようになりそうですよねって。他にも、二階の窓から階下を見下ろすことができれば、家に入って来る人間を確認して安心できるし、一階の店舗でも、高い位置にいることができれば、下にいる若者猫たちを見下ろしてチェックし、三郎は安心しますよね――と申し上げたんですね。猫の心理も行動もご存知の安村さんは、即座に『そうそうそう』と同意してくださいました」

と山川さん。

猫好き同士は、あっという間に「同志」となったのだ。

「通常より、相当速いスピードでやらなければならなかった」ということの案件に、山川さんが渉外などソフト面担当、伊藤さんが設計図を書くハード面担当と役割分担して進めたそうだ。まず、同じく独立系の他の本屋の偵察から始めたという。

「他のスタッフとも手分けして、三〇軒ほどの話題の書店や新規オープンの本屋さんを回りました。ほんとはアポをとって行って、お店の人に話を聞くほうがよかったのかもしれませんが、数を回りたくて時間の余裕がなかったから、お客のふりして行って。本棚の奥行きを知りたいけど、メジャーを出して怪しまれちゃいけないから、さりげなく手をメジャー代わりに本棚につっこんで寸法を測ったりしました」

ほぼ都内だが、山川さんは、出張のついでに沖縄の本屋さんも回った。「ステキに面陳した本屋さんが、あちこちにできているんですね」。棚の前方に本が飛び出しても、それがかえって見栄えになっている場合もあった。ワクワクする店との出会いが目白押しだったという。

「面陳」は、本の表紙が見える陳列を指す業界用語だ。かつて、本屋さんの収蔵数は「一坪一〇〇〇冊」が一般的とされたが、本棚にぎゅうぎゅうに詰めずに面陳を多用し、ビジュアルからお客を誘う形式の本屋さんが増えた。わたしは、二〇一二年に南池袋（豊島区）の「古書往来座」を取材したとき、店主から「お客さんから『本は重たい』という言葉をよく聞くようになって、『重くない』雰囲気を醸す必要を感じ、四万五〇〇〇冊だった在庫を徐々に減らし、二万冊ほどにした」と聞いたのが、面陳の流行傾向に気づいた最初だ

本棚の穴を自在に行き来する店員猫

ったが、今や「面陳で勝負」のような本屋さんがことのほか多い。「在庫数とのバランスが、悩みどころ」と何軒もの本屋さんから聞いていた。

　キャッツミャウブックスは、本を見せながら収納する本屋さんにしなければ――。山川さんと伊藤さんは、面陳の際の本の滑り止めの木を棚の比較的手前に配置するなど、本の見え方にも細やかに気配りし、設計に反映させていった。棚の奥行きはＡ４サイズを縦置き可能な二二センチ、ひと棚の幅は隙間なく本を詰めてもたわまない五五センチに落ち着いた。

　安村さんの「猫たちが本棚の間を自由に行き来できるように」という要望に沿って、ふたりが考案したのが、一階の天井に小さな穴を開け、二階と行き来自由とし、本棚の横板、縦板に一一個の穴を開ける形。つまり、猫たちが、本棚を「キャットウォーク」代わりにして、部屋をぐるっと一周することが可能な造りだ。

「設計図を見せてご説明すると、気に入っていただけました」と伊藤さん。

安村さんが気に入ったのは、入り口を入って手前が新刊のコーナー、レジとミニキッチンを中央に配し、奥が件の猫もいる古本のコーナーという間取りの設計も、もちろんのことだ。価格面から、壁面や本棚の素材をラワン合板にするなど調整を重ね、二〇一六年一二月に設計が完成した。

「猫の足あと、つけちゃおう」——予期せぬ事態を乗り越えたDIYと遊び心

わたしはリフォームとリノベーションの違いを知らなかった。リフォームが「劣化した部分を新築状態に戻す」という意味合いが強いのに対して、リノベーションのスケールは

もっと大きい。「もとの建物全体に新たな付加価値をつけて再生させる」というニュアンスだそうで、フルリノベーションの場合は、基礎、構造は既存のものを生かすが、建物を一度スケルトン（構造骨組み）にして、大幅な改修を行うことを指すらしい。

キャッツミャウブックスと安村邸は、フルリノベーションである。工務店が決まり、二〇一七年の一月から工事が始まった。

二月二六日、元の建物は骨組みだけを残して解体された。解体後の写真を見せてもらったが、素人目《しろうとめ》には、木の柱と梁《はり》、屋根の枠だけが、寒空にぽつねんと残ったように見える。その状態で、予期せぬ事態が発生した。

「西側の内壁の部分に、シロアリが大量発生した跡と水漏れした跡があり、ボロボロに傷《いた》んでいたんです」

こればかりは、解体してみなければ分からないのだという。基礎の補強、傷んだ木部の交換や補強、防水工事などをしなくてはならなくなり、難航を余儀なくされた。

その後は、工務店の人たちが設計図を確認しながら基礎工事をし、続いて木材が運び込まれ、壁や屋根の構築、内部の下地・内装の工事へと進捗していった。

「工事中、何度か見に行きましたが、何週間かで建物全体がシートに覆われ、外からは見えなくなりました」と安村さん。それでも、日いちにちと形づくられていくのが窺える光景に、いよいよ一国一城の主になる感慨もひとしおだったことだろう。

もっとも、予期せぬ事態の発生で、当初四か月と目された工期が二か月も延びた上に、費用も上乗せされたのは大きな痛手だった。そこで、伊藤さんからの提案もあり、安村さんは「自分たちでできることは自分たちで」と、壁の塗装などをＤＩＹしようと考えた。どうせやるなら、イベントにして皆さんに手伝ってもらおう。ＤＩＹを手伝ってくださいと呼びかけることによって店の前宣伝になり、応援してくれる人が増えれば一石二鳥だ。Peatix（イベント参加者募集・管理サイト）に、三郎の写真をつけてこう告知した。

【参加無料／缶バッジ付】ＤＩＹの壁ぬりを手伝って「猫の本屋」づくりのメンバーになろう！

「猫のいる／猫本だらけの／猫と人を幸せにする」本屋のCat's Meow Booksは現在この夏のオープンに向けてフルリノベーション中です。

しかーし、想定外のことが次々と起こり（笑）、工事費用が足りなくなったため、店内の壁の塗装などはＤＩＹで行うことになりました。

そこで皆さまにも本屋づくりのメンバーになって頂くべく、ここでお手伝いをお願いする次第です。ご参加いただくと次のようなメリットが……

- 無料でDIYを体験できる
- ひと足早く「猫の本屋」の店内を見られる（ただし猫はまだいません）
- Cat's Meow Books 初のノベルティ（店舗ロゴの缶バッジ）が手に入る
- 打ち上げで気持ち良く飲める

誰でもできる簡単な作業ですので、どうかお手を貸しください!!!（切実）

【日時】
2017年5月20日（土）13:00〜17:00
2017年5月21日（日）13:00〜17:00
※上記の1日だけでも構いません。また1日2時間程度でも助かります！

この目論見《もくろみ》は当たった。参加の申し込みが相次ぎ、二日間で延べ二五人が手伝いにきてくれた。顔見知りも交じっていたが、約半数は初めて見る顔だったから、オープン前の良い宣伝ともなったのである。

「ただ、住居部分に入ってもらうのはイヤだったので、皆さんにお手伝いいただいたのは、一階の店舗部分だけです。そのあと六月頃から、まだクーラーがついていない二階で、夫婦ふたりで塗装に明け暮れてふらふらになった最悪の思い出もあります」と安村さんは笑いながら振り返る。

実は、工事中に「遊びごころ」も取り入れた。

「昔、コンクリート面に猫の足跡がついていることがあったでしょう？　あんなふうに店の床に足跡があったら面白いだろうなあ」

工事現場で、コンクリートを流した箇所が乾かないうちに外猫が迷い込んで来て、足跡をつけてしまう。そんなイメージだ。安村さんの発想に、

「いいですね、面白いですね」

「やっちゃいましょうか」

ショセット建築設計室の伊藤さんも山川さんも、ノリがいい。

「全員が気づくわけじゃないけど、気づいた人がクスッと笑うみたいな」

かくして、猫がいることになる古本スペースの床に、わざと猫の足跡をつけようということになった。高齢の三郎はさくさくと動いてくれないだろうからと、足跡をつける役目を担うことになったのは、伊藤さん・山川さんの家の雑種猫、アルとチャイの二匹だ。

春の日の朝、横浜市青葉区から四〇分のドライブをして、二匹はキャッツミャウブックスに連れられて来た。内装途上の室内に降ろすと、二匹とも「ここはどこ?」と窺うような素振りを見せ、緊張がなかなか解けない様子だ。真澄さん、伊藤さん、山川さん、工務店の人たちが見守る中、「さ、歩いてみて」と促すが、警戒して部屋の隅っこを歩く。「ダメダメ、やり直し」。左官さんにコンクリートを再度補修してもらって、「さ、部屋の真ん中を歩いて」ともう一度促す。四回目にして、ようやく部屋のほぼ真ん中をタタタタッと歩いてくれ、コンクリートに肉球跡がぺたぺたと付いた。

「ありがとうね、アル、チャイ」

拍手が上がった。

「その日、アルとチャイは、待ち時間を入れると三時間労働をしてくれましたよ(笑)」

と山川さん。

今、キャッツミャウブックスの奥の部屋で床に目を凝らすと、二匹のかわいい足跡を見

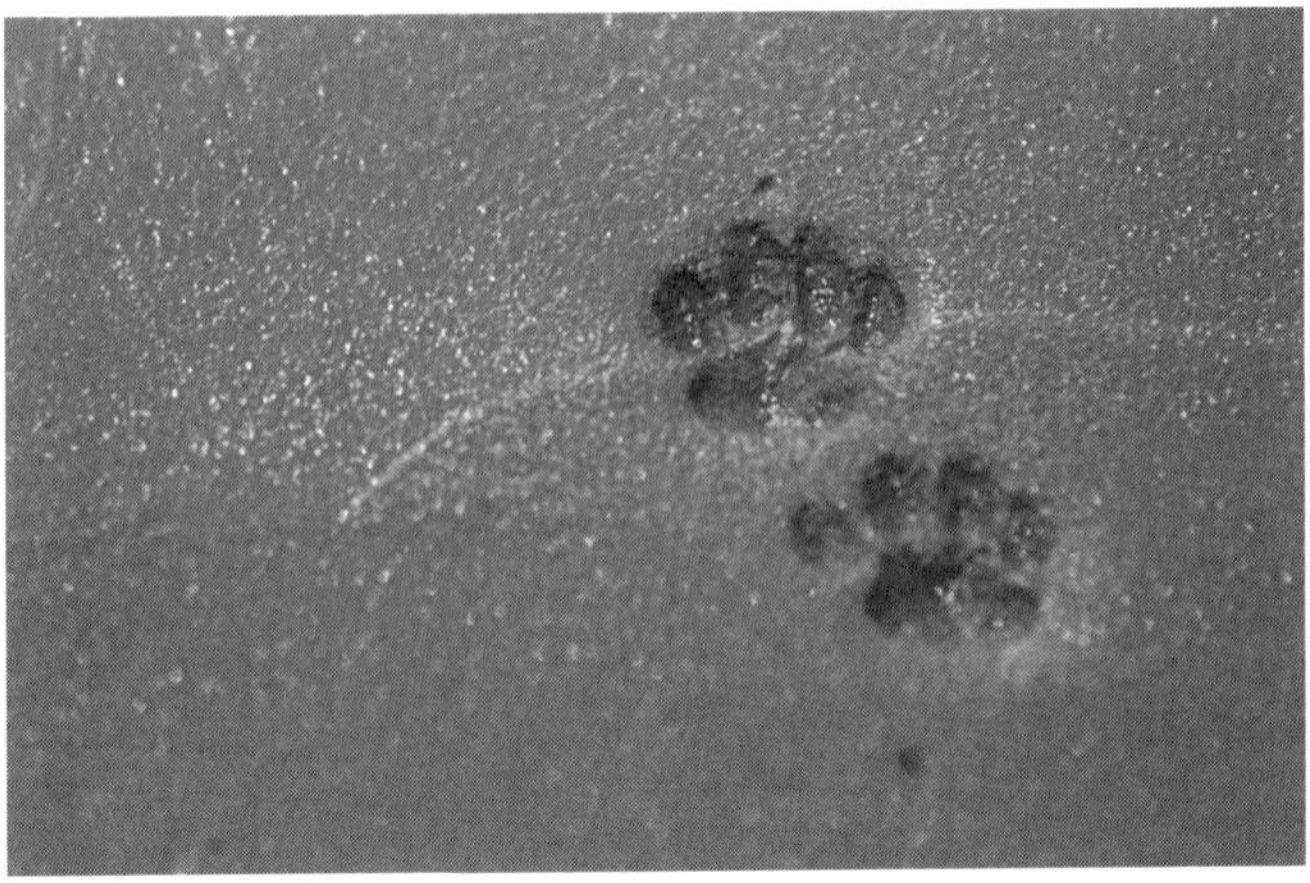

つけることができる。

　こうして、二〇一七年六月二四日に竣工した。竣工に先立って六月一八日の日曜日に、株式会社リビタによる内覧会が三回にわたって開かれ、雨にもかかわらず延べ二〇人余りが参加した。

「人前で話すのは、ビブリオバトルのおかげで慣れていますが、このときはいつも以上にハイテンションだったようです」と安村さんが述懐する。

「猫と本とビールに囲まれて暮らすことに踏み出したきっかけは？」

「特にこだわったポイントは何ですか？」

　司会のリビタ・山田さんに促されつつ、自宅兼店舗の真新しい空間の中で、物件探しから設計、工事の期間について一つひとつ説明していく。それは、自身のこの一年を振り返ることでもあった。

「ざっくり言って、物件探しに一か月半、設計に三か月、工事に六か月かかりました。みなさん仕事ではあるけど、多くの人から仕事以上の気持ちでのお力を得ることができ、ついにここまでたどり着いたと感無量でした」

粛々と作業をしてくれた大工さんをはじめ職人さんたちの腕も素晴らしかった。猫のための本棚の穴をまん丸く開けることや、天井のクロスを一ミリの狂いもなく貼ることは、並大抵でなかったと知り、頭が下がる思いだったという。

内覧会の最後に、山田さんから「これからどんな暮らしをしていきたいですか」と訊かれた安村さんは、少し考えてからこう答えた。

「本屋を立ち上げることで、今はまだまだ頭がいっぱいですが、う〜ん。ここまで形になったのも、すべては猫がつないでくれたご縁なんです。今度はこの店が、猫たちにとっても快適で、さらに猫を通じてお客さんが本と出会う場所になったら最高です。個人的には、本屋とプライベートをいい具合に両立させていきたいですね」

大手取次を介さずに新刊書を仕入れるには
——直取引、神田村、小規模取次

二〇一六年の春頃から、古本屋さんで〃せどり〃したり、ネットの本屋さんから購入したりなどの方法で、キャッツミャウブックスの商品になる古本を買い揃えてきたが、「新刊書の仕入れは悩ましかった」と安村さんは言う。

一章の冒頭と「古本屋ではなく、新刊も扱う〜」のところでも触れたように、本屋さんが新刊書を仕入れるには、トーハン、日本出版販売（日販）、大阪屋栗田に代表される「総合取次」と呼ばれる卸売会社と契約するのが一般的だ。利益率は、二〇〜三〇％（出版社や、契約書店によって異なる）と低いにもかかわらず、どの本屋さんでも取次と契約できるのかというと、そのハードルは高い。

〈本屋だけで生きていくとすると月あたり数百万円の売り上げが必要ですが、総合取次もその規模をメインのお客さんにしているので大口取引が基本。掛取引になるので初回の仕

入れ金額の二倍くらいの保証金を準備する必要もあります〉

これは、〝人と本屋のインタビュー誌〟こと「HAB」の発行人で、蔵前（台東区）の「H.A.Bookstore」店主の松井祐輔さんが、「本の雑誌」二〇一八年三月号に寄せた一文だ。保証金が高額な上に、売れなければ返品できる委託販売のシステムだとはいえ、支払いは待ったなし。新規契約にはさまざまな要件をクリアする必要があり、キャッツミャウブックスのような小規模な店では到底取引を望めない。

「ぼくは初めから、大手取次と契約したいとはまったく思いませんでしたから」と安村さんは気丈である。

「本の雑誌」に掲載された松井さんの一文は、こう続く。

〈「総合」があるからには「専門」とされる取次も存在します。人文書、法律書、医学書など特定の専門出版社との取引に強く、各ジャンルの棚で力を発揮してきた取次です。こちらは東京都（千代田区）神田神保町界隈に社屋を構えている会社が多く、古くから「神田村」と呼ばれています。特徴は書店が直接買い付けられる「店売所」を揃えていること。一度契約をすれば本屋で本を買うのと同じ感覚で仕入れをすることができます〉

それなら、キャッツミャウブックスは、神田村から仕入れるのがふさわしいのではないかと思ったが、安村さんは無理だという。

「何度か行ってみましたが、ぼくが欲しい本はあまり見つからず、キャッツミャウブックスには合わなかった。一度に何十冊も仕入れるならともかく、少量だと、全部売れても神保町までの交通費で赤が出てしまうので」

何度も書くが、本の卸の掛け率は、他の小売商品では考えられないほど高い。では、安村さんはどのような方法で新刊書の仕入れをしたのか。「子どもの文化普及協会」と「ホワイエ（Foyer）」、「二次卸」及び出版社との直接取引だ。

わたしは、「子どもの文化普及協会」と「ホワイエ」を安村さんに聞いて初めて知ったが、どちらも小規模店に開かれている取次で、本屋の開業講座等では必ずといっていいほど紹介されるという。

「子どもの文化普及協会」は、作家の落合恵子さんが主宰する子どもの本の専門店「クレヨンハウス」（本社・港区）の関連会社だ。クレヨンハウスは一九七六年に開店した。総合取次を利用していたが、自分たちが欲しい本がなかなか店に届かない上に、「買い切りでいいので、卸値を下げてほしい」と要望しても叶《かな》わない。そこで、自分たちの望む取引条件を実現するために、一九八四年に立ち上げた取次だそうだ。現在、約二五〇社の出版社の本を扱い、取引のシステムは、「保証金不要」「買い切り」「掛け率七〇％」「発注単位三万円以上は送料無料」。取引先は、絵本、子どもの本を中心に扱う本屋を中心に、幼稚園や動物園、おもちゃ屋など多様な業種にわたっている。

「『子どもの文化普及協会』に初めてメールで問い合わせをしたのが、二〇一六年一二月一二日でした。すぐに電話がかかってきて、担当の方と話しました。うちの形態がすっとは伝わらなかったのですが、『猫を助けるために、本を売るというコンセプトの店です』と伝えると、『じゃあ、本も買える猫カフェのようなものですね』とおっしゃって、契約することができました」

取り扱う出版社約二五〇社は、十分なのか不十分なのか。全出版社数が約三〇〇〇とされる中、十分とは言い難いらしい。筑摩書房、河出書房新社、平凡社などは含まれているが、その他の大手出版社が含まれていないのが「とても残念」と安村さんは言った。

「ホワイエ」も、小ロットでの仕入れに対応する。大手取次の大阪屋栗田が二〇一七年一月に運営を始めたばかりのサービスだ。なんと、書籍からコミック、ムックまで約三〇万アイテムを取り扱い、一冊から仕入れＯＫ。カフェやギャラリー、雑貨店、アパレル店など本屋以外の店との取引も視野に入れられているという。

「保証金不要、返品可能の条件はありがたいんですが、いかんせん利益率が低い上に、返品するなら手数料が一〇%かかり、一回の発注上代《じょうだい》金額が二万五〇〇〇円未満の場合は送料八〇〇円を負担しなければならないなどの付帯要件がありました。『子どもの文化普及協会』で足りない仕入れを補えればと思って契約しましたが、『ホワイエ』はどうやら、本で儲けようとは思っていない、本屋以外の業態の店に適したサービスのようで……」と、安村さんは少々歯切れが悪い。しかし、注文から発送までのスピードの速さと、新刊の品揃えを増やせることが魅力で、オープン後に使う頻度は上がったと、後に聞いた。

「二次卸」は、知り合いの書店から、直接に卸してもらうという裏技のようなパターンだ。何しろ、安村さんはビブリオバトルのバトラーとして名を馳せていたため、ビブリオバトルの会場だった書店の人たちと懇意になった。その人脈から仕入れたが、当然、利益率は低い。

「出版社との直取引」は、文字どおりだ。雷鳥社など最初から直接取引で販売を行う出版社は、問い合わせると柔軟に仕入れができたという。

「ところが、直接取引をしないと突っぱねる出版社も多いんです。特に大手出版社には軒並み断られた。こちらが、その出版社の本を売って儲けさせてあげようと言うのに『要らない』って言うわけですよ。しかも、すべて買い切りでいいって言ってるのに。ひどい話でしょ。顔見知りの編集者に『おたくの会社に、直接取引を断られた』と訴えても、『そうなんですよ、ウチ、無理なんですよ』とさらりと答えられて、頭にきた。大手出版社は本気で本を売ろうと考えていないんですかね」

この話のとき、安村さんは相当怒っていたので、「わたしは、安村さんの気持ちも分かるが、出版社が直接取引をしないのも致し方ないと思う部分もある」と言い出すことができなかった。著作を持ち、印税を収入に暮らす身としては、出版社にきちんと適正利益を出してもらわなければいけない。そのためには、卸（取次）を介しての流通が総合的に合理的で、手間暇をかけて煩雑な直接取引をするのは得策でないのでは、と思うからだ。

あるとき、直接取引に積極的なT社の編集者にこの話を振ったら、「各社とも直接取引をするべし。社員一人を配置したら済むんじゃないの」と軽く言ったが、安村さんが断られたというS社の営業部員は「その書店と直接取引をして売掛金が回収できないリスクがないか、の判断なんですよね」と言うので、「委託じゃなくて、買い切るって言ってるんですよ」とたたみかける。すると、「ああ、でも、素性の分からない店で売られるのもちょっと」と微妙な言葉を口にしたから、わたしは複雑な思いである。

次に、「同じ本屋さんの立場としてどう思います？」と、旧知の「本は人生のおやつです‼」（大阪市北区）の店主、坂上友紀《さかうえゆき》さんに聞いてみる。オープンして八年の古本屋さんだが、直接取引に積極的でない大手出版社の新刊も並んでいる。

「必死で頼みこみ、直取がOKになったこともありましたよ」

多くの出版社が集まってブースを設け、書店と話す「大商談会」というのが開かれているそうだ。そこへ臆せず出向き、「この本をうちで売らせてほしい」と熱く掛け合う。出版社の代表番号に電話をかけ、本のあとがきなどに記された名前を頼りに担当編集者につないでもらって「どうしてもこの本をうちで売りたいんです」と申し出て、直販担当に掛け合ってほしいと頼む。「この本を売ってくれるまで、テコでも動かない」といった姿勢で直接取引を可能にさせたのだ。「担当者との相性もありますが、しつこく何度も電話すると、こちらの強い思いが通じるときもあるみたいです」

キャラの差だろうが、坂上さんの粘り強さは天晴れである——。話が横道にそれた。

ともあれ安村さんは、キャッツミャウブックスの重要な商品となる新刊書を、子どもの文化普及協会、ホワイエ、二次卸、直接取引を駆使し、開店までに約五〇〇冊仕入れた。

四匹の店員猫たちは「りんご猫」
——ネコリパブリックとの出会い

「店員猫」たちはどこからやって来たか。

「店長」となる三郎は、安村家の飼い猫だ。クラウドファンディングをきっかけに知り合った保護猫団体LOVE & Co.にいた「ドクターごましお」を「番頭」にしたかったが、難病で亡くなってしまったのは、前述のとおりである。

「保護猫の譲渡を行っている団体はたくさんあり、選択肢はいくつもあったんですが、結論を言うとネコリパさんにお願いしました」と安村さん。

「ネコリパさん」って？

「あ、知りませんでしたか。自走型保護猫カフェも運営している」

〃猫業界〃ではかなり有名らしい。わたしは初耳だった。正式名はネコリパブリック。日本語にすると「猫の共和国」。

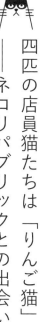

LOVE & Co.理事の矢沢苑子さんから、LOVE & Co.は寄付を収入源にせず、コーヒー豆を販売する事業利益で運営していると聞いたが、ネコリパブリック（以下、ネコリパ）が「自走型」を標榜するのも同様のニュアンスで、こちらは規模がもっと大きい。保護猫カフェと保護猫の譲渡を中心とした事業利益で運営しているという。保護猫カフェは、東京は御茶ノ水と池袋と中野に、あと岐阜、大阪・心斎橋、広島で展開している。安村さんがリビタのコンサルタント山田さんに紹介され、お茶の水店を初めてノックしたのは二〇一六年一〇月だ。

「伺ったとき、広い室内に三〇匹ほど猫がいたんですが、人慣れしている子が多いなというのが第一印象でした」

対応してくれたのは、東京の各店を包括する徳永有可《ゆか》さんだ。その一〇か月後に、安村さんは、中野店にいた〝りんご猫（猫エイズキャリアの猫）〟の「さつき」「チョボ六《ろく》」「鈴《すず》」「読太《よんた》」の四匹を譲り受けることになる。そこに至る経緯を聞きたい――と申し出たわたしに、徳永さんは、

「その話なら、お店が休みの日に中野にいらしてください」

二〇一八年三月に、ネコリパ中野店に行った。ＪＲ中野駅から歩いて五分のオフィスビ

ルの三階だ。

ドアを開けると、Tシャツや雑貨などの物販スペースがあり、そこで三〇分八八〇円（土日祝日一〇五〇円）、一時間一四〇〇円（同一六〇〇円／いずれも中野店の場合）の入場料を払って、住所氏名などを書類に記入してから奥の部屋に入るシステムである。

奥の部屋に、この日は一〇匹ほどの猫がいた。キャットタワーやキャットウォーク、籠、椅子や小さな丸テーブルが配置された中、じっと寝ている子もいるが、遊びたいのか、すぐさまこちらにやって来る子たちもいる。わたしは、リボンがついたキーホルダーを持っていたので、猫じゃらしのようにして振ったら、一匹が目の色を変えて手でちょっかいを出してきた（通常は手荷物持ち込み禁止だが、取材のためにカバンを持ち込ませてもらった＝念のため）。かわいいものだ。

「みんな、りんご猫なんですよ」と徳永さんが言うまで、この店がりんご猫、すなわち猫エイズキャリアの猫ばかりが一堂に会したところだということがすっかり頭から飛んでいた。もっとも、りんご猫という呼び方は、ネコリパのオリジナルだ。

──野良猫を保護したら、たまたま猫エイズが陽性だったという子たちなんですか？

「そうです。ただし、ここには、元野良の子だけじゃなくて、レスキューに助けられた子や、保護猫のお母さんから生まれた子もいます」

――猫エイズの検査は誰によって？

「保護主さんです。ネコリパは、『猫を拾ったから預かって欲しい』という無責任な依頼には対応しないんですね。保護主さんに、ワクチン接種と、避妊・去勢手術、それに猫エイズ・猫白血病の検査を行ってもらうんですが、その中で猫エイズのキャリア陽性と分かった子たちなんです」

――陽性の猫って、世の中に多いのでしょうか。

「ええ。外で暮らす子に、猫エイズキャリアの子は少なくありません。交尾するか、流血するくらいの大きな喧嘩をしてうつるんです。なので、家の外に自由に出させている家猫の中にも、実は猫エイズキャリアだという子も少なくないですよ」

――人間にはうつります？　うつりません？

「絶対にうつりません。猫エイズキャリアであっても、発症をしなかったら天寿を全うできる子も多いんです。怖い病気じゃなくて、ふつうの猫と何ら変わらない生活ができるのに、大きなハンディになって、譲渡率がすごく低くなってしまっています。私たちは、猫エイズの偏見をなくしたいから、『りんご猫』とかわいい愛称をつけて、この子たちの里親を探しているんですね」

ネコリパは、二〇一四年二月に岐阜からスタートした。

ベーグルの店を経営する一方で、岐阜で保護猫活動を手伝っていた河瀬麻花《あさか》さんが、カフェスペースと猫の部屋を別々に設けた店をオープンさせたのが始まりで、「保護猫と触れ合う場所がたくさんあればあるほど、保護猫活動の啓発ができる」との考えから、保護猫カフェの全国展開を目指しているそうだ。

河瀬さんが大阪に住んでいたとき、家の近くのマンションで、多頭崩壊があった。多頭飼いをしていた人が急死し、2LDKくらいの広さに五七匹の猫が残されたのだ。そんな状況を河瀬さんは放っておけず、残された猫たちの新しい飼い主を探しつつ、「いっそ、猫カフェにしちゃえ」と、そのマンションに店舗をつくった。

「その後、移転にあたって、心斎橋の五階建のビルをまるごと『ネコビル』にしようと、クラウドファンディングで一〇〇〇万円の寄付を募ったら、一八四九万円が集まったんですね。それで、二〇一六年にネコリパの大阪・心斎橋店ができました」

腰を抜かしそうになった。LOVE & Co. が約一四八万円、安村さんが約二七三万円をクラウドファンディングで集めたことに驚いたが、一八四九万円はその比じゃない額だ。わたしが知らなかっただけで、もはや「保護猫支援の時代」が来ていたのだ——。

——徳永さんは、いつからネコリパの人ですか？

「二〇一四年の一〇月からです。九月までウェブ制作会社に勤め、プロデューサーをしていましたが、時間の拘束も長く、会社員はもうそろそろ辞めにしていいかなと思って退職したんですね。次は何をしようかと考えていたとき、フェイスブックでネコリパを見つけていいなあと思って、岐阜まで河瀬に会いに行ったんです」

——ネコリパすてき。猫に癒され、ゆったりと暮らしたいと？

「癒されたいという感覚とは違います。もともと動物好きだったからでしょうか。ネコリパで仕事をする自分が自然にイメージできたんです。でも、東京でネコリパを立ち上げようということになって、むちゃくちゃ忙しくなりました」

——東京でのネコリパはお茶の水から？

「そうです。まず、二〇一五年五月にお茶の水店を立ち上げ、次にりんご猫で翌二〇一六年六月に中野店も立ち上げ……。最初は店の中のハンドリングも自分でしていたのですが、スタッフが育ってくれたので、今は経営側に回ってスタッフに損益分岐点を口すっぱく言う立場ですが」

――ネコリパさんは株式会社ですよね。

「ええ。保護猫活動は、ボランティア精神だけでは続きません。ネコリパは、猫カフェと猫グッズの製造販売で売上を確保して、個人や団体の保護主さんから来た猫たちと里親さんをマッチングさせる、いわば結婚相談所のような事業をしているんです」

ソーシャルビジネスだ。他人の懐を訊ねるのは気がひけるが、「猫カフェのひと月の入店客数は、一番広い大阪・心斎橋店が一〇〇〇人ほど、お茶の水店が六〇〇～七〇〇人ほど。一番少ない中野店が二二〇～二三〇人ほど」とのことで、推して知るべしの売上。たいしたものである。

「安村さんが来られて、キャッツミャウブックスの事業計画をお話しされたとき、『ステキですね』と即答しました。ただ、『室内に猫がいる店をするには、大変なこともありますよ』と、動物取扱責任者や愛玩動物飼養管理士の資格を取るべきことや、猫同士の相性やトイレなどについてアドバイスしましたよ」

徳永さんのほうからは、「二〇二二年までに、日本の行政による猫の殺処分をゼロに」というネコリパの目標、猫カフェの経緯や現状を安村さんに伝えた。以後、ふたりはフェイスブックの「お友達」同士となったものの、とりたてて連絡を取り合うことはなかったが、二〇一七年五月二六日に再会した。

BUKATSUDOでのご縁から、陰になり日向《ひなた》になり安村さんを応援してくれていたナカムラクニオさんの「6次元」を会場に、安村さんが企画・開催したイベント「猫本ナイト」の日である。このイベントは、開業を控えた安村さんと、猫本屋の先駆、神保町の「にゃんこ堂」の姉川夕子《あねかわゆうこ》さんが登壇し、一味違った猫本を紹介するというもの。徳永さんは聴者として参加してくれた。イベントが終わった後、すぐに安村さんがもちかけた。

「あの〜、うちの店員猫になる猫たちを、ネコリパさんから譲渡してもらえないでしょうか」

安村さんの頭の中には、ネコリパお茶の水店にいた人懐っこい猫たちの姿があった。店員猫にはものおじしない子がいい。猫カフェの環境にいた子なら人慣れしていて、〝接客〟するのがストレスにならないだろうから、店にとっても猫にとっても好都合だと、かねがね考えていたからだ。

「もちろんです。喜んで」と答えた徳永さんが一週間後に提案したのが、りんご猫たちだった。偏見から譲渡率が低いが、安村さんなら理解してくれるはずと期待したところ、「もちろんです。喜んで」。同じ言葉が行き交った。

多頭飼いの崩壊から保護された「さつき」と「チョボ六」、殺処分直前だったところを保護された「鈴」と「読太」。この四匹が、キャッツミャウブックスにそろったのは、安村さん夫婦が新居に引っ越し、開店までカウントダウンとなった八月二日だ。

ネット時代の開業PR戦略 ——SNS使い分け、プレスリリース配信、取材対応

すでにその頃、安村さんはずいぶんな数の取材を受けていた。

「取材されて、紙やウェブの媒体に掲載されることは、店がオープンすることの無料の告知や宣伝になるから、ありがたかったです。時間をとられるのはキツかったけど、すべてのオファーに応えました」と安村さんは言う。

なぜ、取材者がキャッツミャウブックスの開店が近いという情報を得て、取材を申し込んでくれたのか。

安村さんがＳＮＳをうまく活用したからである。

「これからの本屋講座」で、内沼さんが「メディアの取材記事にとりあげてもらいやすいように、コンセプトを固めよ」とアドバイスしてくれたとおり、キャッツミャウブックスはコンセプトが明確な本屋になっていっていた。「猫がいる本屋」「猫本だけの本屋」「本を買うことによって保護猫活動に寄付できる本屋」「クラウドファンディングで資金調達をした本屋」「ＤＩＹのイベントをした本屋」……。恰好《かっこう》のネタが一人でも多くの人の目に触れるよう、特にツイッターで頻繁に発信したのだ。

加えて、店のフェイスブックページを開設した。ウェブに弱いわたしでさえ、「開いていたホームページを閉じて、フェイスブックに一本化した」という声をよく聞くようになったのは、四、五年前だろうか。フェイスブックをホームページ代わりに使う人が増えている中、安村さんもそう判断した。

「実は、ぼくは元々フェイスブックが大っ嫌いだったんですけどね。誰が何を食べたとか、どこへ行ったかとか、何の興味もないし、見るだけ時間の無駄だと思ってました。でも、店のホームページとして使わない手はないですもんね。『今、この状態です』とか『手伝ってくれる人、いませんか』とか即時性を重視したつぶやきはツイッター、イベント告知など一定期間有効な情報はフェイスブック、ビジュアルを見せたい場合はインスタグラム。使い分けました」

　フェイスブックは「お友達」が「お友達」を呼ぶ。ツイッターとインスタグラムは、投稿した言葉を拾って、志向が似た人に紹介してくれる機能から、フォロワーが日に日に増えていく。やがて、取材先を探しているライターや編集者らの目に届くようになったのだ。

「最初に取材の申し込みがあったのは、『シティリビング』というフリーペーパーでした。ほんわかした感じの女性のライターさんが来られ、『なぜ猫本屋を?』『どのようなコンセプトで?』『猫を店員にするのはなぜ?』『どんな本が並びますか?』などと熱心に質問され、同行されたカメラマンさんが、まだ本が並んでいない棚と私の写真をパチパチと撮って行かれました。質問には、自分の考えを整理して答えますから、取材されたことによって再確認できることになり、いい機会でした。ただ、回を重ねるとよく似た質問ばかりで疲れましたけど(笑)」

　ほとんどがウェブ媒体だった。オープンまでに掲載された主な記事の見出しを記そう。

〈猫店員がお迎えしますニャ　店と保護猫が助け合う「猫だらけの本屋」オープンを目指し資金調達中〉　五月三〇日/「ねとらぼ」

〈ネコのいる本屋をつくってネコを助ける活動を手つだいたい〉　六月一五日／「本のページ」

〈保護猫と書店が助け合う三軒茶屋の猫本屋「Cat's Meow Books」〉　六月一九日／「Cat Press」

〈保護ネコが店員の本屋が8月にオープン。東京の三軒茶屋。〉　六月一九日／「ハピプレ」

〈保護猫と「助け合える」本屋を作りたい（三軒茶屋）〉　六月二〇日／「TABILABO」

〈猫本だらけの本屋「Cat's Meow Books（キャッツミャウブックス）」三軒茶屋に8月8日オープン〉　六月二七日／「T－SITE」


掲載に際して「店のロゴとイラストを借りたい」と依頼されることも多く、安村さんはためらわず提供した。ナカムラクニオさんに描いてもらったイラストロゴは、キャッツミャウブックスのイメージそのものだったから、目にした人たちが店に好印象を持つ恰好のツールとなると考えたためだ。

オープンに先立つ宣伝広報には、プレスリリースも配信した。「これからの本屋講座」で作成した企画書やクラウドファンディングのプロジェクト本文を参考に、パソコンに向かって一気に書き上げた。「三軒茶屋に「保護猫」が店員の〝猫本だらけの本屋〟登場本の売り上げから猫の保護活動を支援！　8月8日オープン」と始まるプレスリリース。これが配信代行会社からマスコミ三〇五社に向けて、六月一三日に一斉配信された。

「よくぞ倒れず開店にこぎつけられたものだと思います。あ、違った。二〇一七年四月の末に、盲腸になってぶっ倒れて五日間入院したことがありましたが、退院するとすぐに目いっぱい開店準備をする毎日に戻りましたからねぇ。開店前の約二か月の睡眠時間は連日三時間ほど。『もしも失敗したら』は極力考えないようにしましたが、気が張り詰めていたんでしょう。一二時か一時に寝ても、三時か四時には目が覚めてしまって、そのあと眠れないんですよ。睡眠時間が短いのに、昼間もちっとも眠くなかった。不思議ですねぇ」

オープン前夜

「いよいよですね」
「ステキなお店になりましたね」
「おめでとうございます」

オープン前夜、開業に協力してくれた人たちが三々五々、キャッツミャウブックスに集まって来た。お祝いの花が活けられた入り口の前で写真を撮る人、新刊書コーナーに見入る人、面陳された写真集をさっそく開く人……。

「どうぞどうぞ奥の部屋にお入りください」。真澄さんの声も弾んでいる。

古本の部屋に猫たちがいた。一〇人以上ものニンゲンが自分たちの部屋にぞろぞろ入ってきたのだから、猫たちはひるむかと思いきや、自分のペースを変えないのが、わたしには小さな驚きだった。キャットウォークよろしく本棚の穴をくぐりぬけ、うろうろしている子が二匹。本棚から降りてきて、あちらの女性に「こんにちは」を言いに行っている子も、こちらの男性に「触ってよ」とばかりくっついている子もいる。

「猫本ってこんなにあったんだ」

わたしがつぶやくと、お隣から女性が、

「全部の本を手にとって開きたくなっちゃいますよね」

同感だ。ちっとも傷んでなくて、新刊と見間違うほどきれいな本ばかりが並んでいる。

「おかげさまで、なんとかマジで明日オープンできそうな運びとなりました。猫とビールと本に囲まれる老後を夢見た者としては、ひと足早く老後がやってきたと思いたいのですが、そうは言っていられない。ハチャメチャで……」

カジュアルダウンさせた安村さんの前夜祭オープンの辞が終わらないうちに、一人の女性が、「で、今日、本を買ってもいいんですか」と言葉を投げた。

「ええっと、あの〜、今日全部売れて、明日オープンできなくなっちゃったら困るので無理です」と、安村さんがウイットに富んだ返事をして、笑いをとった。

紙コップのワインで乾杯。テーブルに運ばれてきたチーズカナッペやアンチョビサラダ、ローストビーフなどを遠慮なくいただきながら、わたしは何人かに声をかけた。

「一番心配していたのが、あまりに住宅街の中すぎるのではということだったんですが、大丈夫そうでよかったなあと思っています。駅から歩いて来て、店の前に来るまで店があると分からないのが、逆にいいですよね。猫好きのお客さんが駅からこの道でよかったのかなって思いながらやって来て、『あ、ここだ』と気づくまでのプロセスが、ひとつの魅力になっていますよね」（ブックコーディネーターの内沼晋太郎さん）

「大丈夫！　と思って設計したものの、猫たちが本棚の穴をくぐってくれるかどうか、実はちょっと不安だったんです。でも、安心しました。まるでずっと前からここにいるかのように、我がもの顔で本棚を行き来し、この空気に馴染んでくれている姿に、やった！

って気分です」（ショセット建築設計室の山川紋さん）

「感激です。本当に完成したんだ。成功することはまちがいないという印象です。ただ、実際に始めると運営は苦労するだろうな。動物を扱うということ、本を売るということ、いずれも大変な作業の連続でしょうから。それでもやり遂げるという心意気が充満した箱の中に、今、ぼくたちはいるんですね。キャッツミャウブックスは、明日、日本の本屋史に名を刻むんですよ」（「6次元」オーナーのナカムラクニオさん）

みなさん、ベタ誉めだった——と伝えると、安村さんは落ち着かない面持ちでこう言った。

「褒めてもらってうれしいですけど、褒められたからには裏切れないと、プレッシャーもものすごく感じます。昨日まで『明けない夜はない』と思っていましたが、今は『来てしまった』という気持ちです」

ちなみに、オープンまでの初期投資費用は、自宅兼店舗の購入となったため、施設に関わる費用を差し引くと、締めて約五〇〇万円だったという。賃貸物件を想定していた当初計画の予算（一二一五万円）と単純比較はできない。初期費用と運営費用の切り分けも難しいそうなので、決算については四章に書く。

第3章

いざ開店！
理想と現実

棚がスカスカ⁉——開店当日のこと①

二〇一七年八月八日。火曜。

のろのろと近づいてきていた台風が直撃するか否か、という前日の心配は良い方向に外れた。うすぐもりの空の下、キャッツミャウブックスの白いシンプルな建物の入り口前は、遠く九州のパトロン（クラウドファンディングの支援者）から届いたお祝いの大きな花束が彩っている。

ついに午後二時になった。

平日の蒸し暑い午後だというのに、一時間も前に一番乗りの若い男性客が現れたのをはじめ、直前にはすでに女性四、五人が店の前で、オープンのときを今か今かと待っていた。フォロワーが二〇〇〇人を超えていたツイッターで店の情報をたっぷり告知してきていた。すでにいくつものネット媒体の記事になり、ラジオ番組にもゲスト出演していた上に、プレスリリースを流したおかげで、直前にはマスコミ各社からの問い合わせも相次いだ。前日の朝日新聞夕刊の東京版に、「保護された猫たちがくつろぐ本屋、8日オープン」と題する記事も掲載されていた。そんなこんなの広報活動が、実を結んだのだ。

準備万端、店主がドアを開けて、「お待たせいたしました。キャッツミャウブックス、ただ今より開店いたします」と挨拶し、お客さんたちを新鮮な気持ちで迎え入れる。そんなふうに華々しいオープニングをイメージしていたが、現実はそうはいかなかった――というリアルは、安村さんに語ってもらおう。

「あれもやっていない、これもやっていないと、朝からわさわさし続けていました。おまけに『オープンの様子を撮らせてください』というテレビ番組制作会社の取材が入り、ディレクターさんが午前中から出たり入ったりしていて、オープン前からドアがたびたび開閉していたから、『さ、ドアを開けるぞ』という感じでもなかったんです。右往左往しているうちに、うわっ二時だ、どうしよう――みたいな感じになって、そこへお客さんがどっと入って来られた。妻と二人でレジに立って笑顔で迎えたつもりですけど、若干顔がひきつっていたかもしれません。

何しろ、前夜は不安で不安で一睡もできなかったから、体は疲れて気は張って、の状態でした。

『あれもやっていない、これもやっていない』の筆頭が、『値付けシール』に値段を記入し、古本一〇〇〇冊に貼ることでした。自分の発注忘れという大ボケのせいで、値付けシールが前日までに届かず、やっと届いたのが当日の正午。すったもんだです。

　実は、予定どおりの冊数を仕入れたのに、棚に並べてみたらスカスカで。猫の本が、一般的な本よりも全体的に背幅が薄いことが、棚に並べて初めて分かった。ぼくの読みが甘かったんです……。本屋として最も避けたかったことが起きていて、悔しかった。そんな中で、前夜にレジ（タブレット・レジ）のセットアップをなんとか終わらせたのに、朝からなぜかレシートに印刷されるはずのロゴが出なくて試行錯誤。ほかにも、おつりの準備などやらなきゃいけないことが目白押しな上に、値付けシール作りが当日になだれ込んできた。

　誰かの手を借りないと無理と思っていたところに、『お手伝いします』と申し出てくださったのが、リビタの平賀さんと山田さんでした。ちょうど火曜日が公休日だったお二人が、休みを返上して午前中に来てくれたんです。もともと、エクセルで本の売値の一覧表は作ってありました。奥の古本エリアの真ん中のテーブルで、このエクセルの表とにらめっこして、値付けシールに売値を書き入れ、棚に並んだ本を取り出して貼るという、この気が遠くなる作業をひたすらやってくれました。

でも、終わらなかったんです、二時までに。お客さんが店内に入って来られてからも、その作業は続きました。ぼくがお客さんだったら、『なんだこの店、いい加減だな』と思ったはずです。冷や汗ものでしたが、お客さんたちが寛容だったのはありがたかった。

お客さんは彼女たちをスタッフだと思い、『この本、いくらですか』『コーヒーください』などと話しかけます。とっさにうまく対応してくれたばかりか、そのうち気がつけば、『お飲み物のメニュー、ごらんになりますか?』『本のお会計はあちらでお願いします』となごやかに案内までしてくれるようになり、まるで本物のスタッフのようでした。値付けシールを貼る作業がすべて終わったのは、夕方です。お二人には、もう感謝しかありません……」

そのような状況だったので、記念すべき〝最初に売れた一冊〟は覚えていないという。本よりも先にドリンクのオーダーが入った。それも、オレンジジュースだったような気もするし、ジャスミンティーだったような気もする。「記憶から欠落しちゃう」ほど、すったもんだの開店だったのである。安村さんは、取材の対応もあって、店内をうろうろすることになる。

「覚えているのは、『賑わっている』『すれちがうのにちょっと気をつかう』という状況と、取材クルーが勝手に床へ本を並べて撮影して、お客さんの邪魔になったり『なんだかなあ』だったこと。それに女性のお客さんに『写真撮っていいですか?』と聞かれて、『もちろんです、どうぞどうぞ』と答えたこと。カシャカシャとスマホで写真を撮るお客さんが結構おられました。

被写体にしたいと皆さんが思われる『猫店員』たちはというと、暑さのためか低気圧のためか、よく眠っていました。奥の窓際のクッションで、鈴と読太がひっついてぐうぐう。中央のテーブル下で、さつきが〝ヘソ天〟(お腹を天井に向けて、ごろんと寝転がる姿)状態でぐうぐう。あとチヨボ六と店長の三郎は、二階から降りてこなかった。『おいおい、猫店員たち、もうちょっと接客に気をつかってくれよ』と思わなくもなかったですが、お客さんにとっては別にそれでよかったみたい。ぐうぐう眠っている子たちを『かわいいっ』と写真におさめていましたから」

やってみないと分からない——開店当日のこと②

申し訳ない。正直に告白すると、わたしはこの開業日に、のっぴきならぬ他の仕事の先約があり、伺えなかった。以下、開店直後に行った担当編集者からのレポートだ。

〈店内に入ると、すでに手前の新刊エリアに二人ほど、奥の古本エリアに六人ほどのお客さんがいた。大きなカメラを抱えた番組制作会社の男性と、お店のオフィシャル記録写真を撮影する男性の姿も。

お客さんの内訳は、二〇代とおぼしきTシャツ姿の男性、三〇～五〇代くらいの女性七、八人、リタイア後らしき老夫婦。ここにいるお客さんたちは安村さんの知人ではないらしい。知人や関係者は、混雑を避けて来週以降に来るという人がほとんどだそうだ。

テーブル席で猫漫画を読んでいる男性は、開店一時間前にうっかり来てしまい、二時にまた戻って来たという。グラスビールを注文し、一時間ほど猫を眺めたり漫画を読んだり

開業当日、お客様を迎える安村夫妻

したあと、古本を一冊買って帰っていった。

老夫婦はご近所さんで、本屋さんができたと聞いてやって来た。ご自宅でも猫を飼っているという。

女性客たちはツイッターやフェイスブックで知った「猫好きさん」が多いようで、クラウドファンディングの出資者や、世田谷のローカルな情報を発信している人なども交じっていた。

続いてやって来たのは、「有給をとって来ました」という若い女性と、「昨日の朝日新聞で読んだので、東京に出て来たついでに寄ってみた」という横浜からのビジネスマン。

総じて、皆さん古本エリアの本棚を熱心に見ていらっしゃる。古本エリアには猫がいるし、テーブル席があるので、ゆっくりしやすいようだ。

三時前後から、女性の二人連れ客などが増え、店内がより賑やかになった。グラスビール（三〇〇円）やソフトドリンク（アイスコーヒー、オレンジジュース、ジャスミンティー、いずれも三〇〇円）を注文するお客さんも増えてくる。平日の日中だからか、まだジョッキでビールを飲む人はいない。

初日で混雑していることもあってか、ドリンクを一杯飲んで三〇分ほど滞在し、一〜二冊購入して、店主とひと言ふた言話して出ていく……というパターンが多かった。会話の内容はさまざま。

「店員猫は何歳なんですか？」

「店員猫は兄弟姉妹なんですか？」

「店員猫は夜どうしてるんですか？」

「生ビールもあるんですね」

「古本の買取もやってます？」

「定休日はいつ？」

「店長猫は元気ですか？　何時頃になると、ここに降りてきますか？」

「店内の本はぜんぶ店主が読んだものなのですか？」

「古本はどうやって仕入れてるんですか？」

皆さん「猫」「本屋」のいろいろな方向から、このお店に興味を持っていることが窺える。

接客の合間に、安村さんに感想を訊くと、「とりあえず大きなトラブルもなく、思っていたほどは慌てずに済んでいて一安心。変なお客さんも、今のところ来ていないし。盛況……なんですかね？　でも、今日はオープン初日だから、ちょっと異状でしょう。取材や記録のカメラも目立つし。もうちょっと落ち着いたら、夜の仕事帰りにやって来て、飲み物を飲みながら一時間くらいゆっくりしてってほしいんですよね。夜のほうが猫たちも元気だし」とのこと。

「今週末は三連休だし、また混みそうですね」と投げかけると、「あっそうか、山の日か！いやぁ予想できないですね、混むのかな……。山の日に読む猫本ってことで、ヤマネコの本とか、山小屋で猫を保護して飼っている人の本とか、特集棚を作ろうかなぁ。あ、新刊に『大山猫の物語』もあるし。高い本なんですけどね～」と、一気に語って小さく笑う。余裕なんだか、余裕がないんだか分からないリアクションが返ってきた。

細かいところでは、「レシートにロゴが印刷できない」を始めとした、小さなトラブルがいろいろと起きていた。例えば……。

- バーコードリーダーを買いそびれていたので、スマホでISBNを読み込んでいたのだが、精度が悪くて時間がかかる
- 新刊の平台下部が出っ張っていて、足をぶつけるお客さんが続出
- ブックカバーの折線で折ると、ピッタリすぎて現物の本の大きさ（幅）に足りなかった
- 新刊エリアがちょっと暑い（格子戸があるため、奥のエアコンの冷風が届かない）
- 奥の古本エリアで飲み物を注文しようとすると、ソフトドリンクのメニューが分からないのでお客さんがいちいち聞きに来ないといけない
- 新刊のスリップ（補充注文伝票）を頻繁に抜き忘れる（「報奨や配本のランクがあるわけではないので問題はないが、素人感丸出しで恥ずかしかった」と安村さん）

「実際にやってみないと分からないことが本当にいっぱいありますね。蔵書もまだまだ足りなくて、新刊コーナーなんてお恥ずかしいかぎり。これからやることが山ほどあります」とのこと。

帰りに、お店の裏側から店を眺めていると、孫娘と犬の散歩をしているおじいさんが「こ

こは、にゃんこがいっぱいおるよ」と話しかけてきた。「本屋さんなんですってね」と水を向けてみると、「そうそう。古い家だったんだけど、（建ぺい率の問題で）建て替えたら面積小さくなっちゃうからね、手直ししてうまくやったんだよ。きれいにしたよね。ほら、にゃんこがいっぱいいるんだよ」と教えてくれた。

「飲み物も飲めるみたいですよ」と伝えると、「へぇそうなの。（孫娘に）アンタ、こんどジュース飲みに来ようか」と言って、のんびり去っていった。

そういえば、四時ごろのお客さんに、四〇代くらいのお母さんと小学生の女の子がいて、二冊ほど買っていった。通りすがりに「子どもが入っても大丈夫でしょうか？　猫ちゃんがびっくりしないかな……」と声をかけてきた、幼児連れの若いママもいた。かわいいカフェ風の店構えだからか、子ども連れのお客さんもこれから増えそう〉

「悔しかった」——開店時の自己評価とお客さんの評価

「『いらっしゃいませ』『ありがとうございます』と、その日ぼくは何回言ったんでしょう。

まったく休憩する間もなく、午後一〇時の閉店まで立ちっぱなしで、てんてこまいでした。おっ、写真集が売れた、あっ、やっぱり文庫本も売れるじゃんとか、お客さんがレジに持ってこられる本の種類を心に刻むこともありましたが、それも稀《まれ》。iPadとレジの接続がうまく機能せずに、スマホで代用するはめになったので、見にくくて、値段を間違わないように打つのに神経をつかう。つり銭も間違わないようにお渡しし、カバーをきれいにかけるのは、思った以上に大変で、そっちに頭をつかっていると本のタイトルまで頭がいかなかったですね」

新刊より古本のほうがよく売れる、古本のジャンルはまんべんなく動くな、と思ったく

開業当初は、メインの看板もまだ設置していなかった

らいがせいぜいだったという。

夜の一〇時すぎに最後のお客さんを送り出して、レジを調べる。レジを打った回数が一〇九回だった。ということは、買わなかった人を入れると、その倍の二〇〇人くらいの来客があったということだ。売上金をカウントする。

「六万七〇〇〇円でした。『ええっ』って感じ……」

どういう意味か。

「一日の売上目標を六万円と考えていたから、ひとまず初日は達成できたんですよ。でも、これほどお客さんがひっきりなしに来てくれて、一日中忙しくないと六万円を達成しないと、身をもって知って悲鳴をあげたわけです。この忙しさを毎日続けるのは到底無理だと思った」

今日、来店客がひっきりなしだったのは、〝開店景気〟だからに他ならないが、「山の日」「お盆」と続くこの先、ありがたいことに開店景気がもしも続くなら、体がおかしくなってしまう。いや待てよ。来店客数が減ると、体は楽になるだろうが、売上が下がってしまう……。前夜一睡もしていず、今日は立ちっぱなし、気を張りっぱなしで疲れきっていた安村さんが、どっちに転んでも暗礁に乗り上げるような気分に襲われたのも無理はない。

後日、安村さんはオープン初日を振り返ってこうも言った。

「売上云々《うんぬん》、忙しすぎる云々もさることながら、初日の感想をひとことで言うなら『悔しい』。悔しくて悔しくてたまらない」

店に入ったときに、誰もが「おっ、すごい」と思う「理想の本屋」として開店できなかったことが悔しいのだという。

先にも触れたが、キャッツミャウブックスのオープン時の蔵書数は、新刊五〇〇冊と古本一〇〇〇冊だ。少ない冊数ではあるが、安村さんの計算では店内のすべての本棚が埋まるに十分なはずだった。旧知の複数の書店員にヒアリングし、一般的に「一架二〇〇冊」と教えられた。購入した本のリストを見せて、判断を仰いでも「それで十分でしょう」だったので、古本は仕入れが一〇〇〇冊に達したとき、それ以上仕入れるのを止めていた。新刊は、直接取引が叶わない出版社が多出するなど、仕入れルートが十分に確保できなかったために、オープン時点で五〇〇冊にとどまったのだった。猫の本は、一般的な本よりも全体的に背幅が薄いことに気づいたのが、開店五日前だったから、もはや、時すでに遅し。曰く「棚がスカスカ」状態でのオープンだったのだ。

「二〇〇人もの来店があったのに、チャンスを逃してしまった。棚がちゃんと埋まっていたら、お客さんにもっと本と出合ってもらえただろう、もっと売れただろうと悔しくて。何も買わずに帰るお客さんが減っただろうし、何より『いい本屋だな』と思ってもらえて、リピーターにつながっただろうに」

大丈夫ですよ、みなさん、きっと十分「いい本屋さん」と思われたんじゃないでしょうか、とわたしは返した。開店当日に本屋さんを訪れたことはないが、開店間もない本屋さんに行ったことは二度ある。二軒とも、そういえばスカスカどころか、まるっきり本が入っていない棚もあったが、「これから、ここにも本が増えるんですね」「そうですそうです」くらいのやりとりをし、むしろ「また来よう」と思った。

「『古ツア』さんも来られたんですよ、初日に。プロの目から見て、本のない本屋と思われたに違いない」と、安村さんは忸怩《じくじ》たる思いをにじませる。

「古ツアさん」というのは、ほぼ毎日古本屋さんをアポなしで訪問し、ブログ「古本屋ツアー・イン・ジャパン」をアップし、同名の著書等もある小山力也《りきや》さんのことだ。

さて、古ツアさんは、ブログにどう書いたか。ご本人の許可を得て、ここに二〇一七年八月八日のブログを転記させていただこう（改行は井上による）。

〈路面電車の面影を残す世田谷線のホームから出て、踏切の南に立つ。そこからすぐに西に真っ直ぐ延びて行く、住宅街の細道に入り込む。ツツツと百メートルも進めば、本日オープンしたばかりの、猫のいる新刊屋＋古本屋＋カフェな新店が左に輝き現れる。

すでに店内は激しく賑わっており、何やら取材も入っているらしい。その小空間の喧噪にユラッと飛び込むと、左奥の帳場に立つ男女二人が「いらっしゃいませ」と迎えてくれて、女性の方が「こちらは新刊コーナーになってまして、奥は古本を販売していきます。奥は靴を脱いで入っていただくんですが、猫がおりますので逃げ出さないよう素早い開け閉めをお願いします」とレクチャーされる。

ちなみにこのお店の猫は、全員元保護猫の店員さん（店長さんもいるのだが、この時は二階に籠っているらしく姿を見せず…）という位置づけである。新刊コーナーにはテーブルを真ん中にして猫本が多く並び（犬本もあり）、帳場前には洋書の猫写真集や絵本が飾られている。また帳場背後頭上には、グロテスクなほど巨大な猫の顔面ぬいぐるみアリ。狭いカウンター前を通過して、奥の木の格子戸をスラリと開けて、素早く身を入れて閉めて、靴を脱ぐ。左右が猫も遊べる壁棚（棚の棚板や側板には、猫が通れるほどの大きな穴が空いているのだ。もちろんそこに本は置かれていない）となっており、中央には大きなテーブルが置かれている。

おぉ！　窓際に鯵虎猫（井上注：キジトラです）が寝ている！　そしてその姿をお客さんがかわりばんこに激写している！　他にも黒猫がチラチラ姿を見せ、鯵虎猫の横に身を横たえると、控え目な歓声とともに激しいシャッター音が連続して鳴り響く。完全に猫カフェ的一幕が展開され続けている。本当は私も撫でたり話しかけたりしたいのだが、この大いなる猫人気者状況ではそれも叶わぬので、一心不乱に古本を眺めることにする。

並んでいるのはすべてが猫に関する本なのだが、ボックスごとにテーマが何となく設定されているのが楽しい。『猫と文学』『猫とミステリー』『「吾が輩は猫である」と猫』『猫と美術』『猫と科学』『猫と民俗学』『猫と歴史』『猫と怪談』『猫とパリ』『猫と海』『猫と島』『猫と町』『猫と犬』『空飛ぶ猫』etc. etc. etc. …と、かなりバラエティ豊かに展開して行くのである。私的には『猫と怪談』ブロックに注目し、もしや橘外男《そとお》の怪猫物がしれっと紛れ込んでいるのではと、視線を何度も往復させるが、残念ながら最初から一ミリたりとも存在していなかった…。

中には値段の付いていない本があるので、棚の整理をしているお姉さんに聞いてみると「今値付けしているところなんです。気になったのがあったらお調べしますよ」と言われたので、さっき目ざとく見つけておいた、サンリオSF文庫「猫城記」を差し出してみると、ネットでしっかりと調べられてしまい、4500円の値付が為されてしまった…大体ネット値付の中位を参考にしているらしい（安村さんによる注：ネットで調べたのではなく、既出の値付けリスト〈エクセル〉をチェックしてお答えしました）。

と言うわけで、値付はわりとしっかりしております。裏表紙に値札の貼られた「猫城記」をそっと棚に戻し、別な本を取り出して、早々にスヤスヤ眠る猫店員さんたちに別れを告げて、格子戸の向こう側へ。人文書院「のら猫トラトラ／鴨居羊子」を購入する。まるで星新一の短編小説のように、猫にすべてが支配されているお店である。可愛い猫たちに振り回されたければ、この西太子堂の新店へどうぞ！〉

ほらね。古ツアさんは「棚がスカスカでダメ」なんて印象などちっともお持ちにならず、好感度高くスケッチされていますよ――と、安村さんにエールを送りたい。

「ぼくの理想が高すぎたんでしょうかねぇ」

ネットを見ないお客様にどう情報を伝えるか
――緊急臨時休業で学んだこと

ものごとは何でも、表からも裏からも捉えられる。安村さんは、思い描いていた理想の本屋イメージと開店初日の現実のギャップに歯ぎしりする一方で、実は「理想に達していないのに売上目標に達したのだ。よかった」と、矛盾した思いもよぎったという。つまるところ、「理想に近づけば近づくほど、売上ももっと上がる」という式が成り立つ。

売れた冊数以上に仕入れ、蔵書を増やそう。来店数は多いんだから、客単価が上がればいいんだ。つまり、買わずに帰る人が減り、一冊買う人に二冊、二冊買う人に三冊を買ってもらえるようになればいいんだ。開店翌日から、ポジティブ思考に切り替えようとした。

「とはいえ、試行錯誤を繰り返す日々でした。何しろ開店翌日は、あんなに賑わった前日が幻だったかのようにお客さんは疎《まば》らになり、売上が一万七五〇〇円に落ちた。その次の日は三万円弱に回復したものの、これが現実かとため息が出ました。でも、その翌一一日が山の日の祝日で、土日・お盆休みウイークへと続き、また六万円をキープできました。しかし、店というのはつくづく『読めない』ものだと思い知りましたね」

安村さんは、開店前後の一週間、会社を休み、キャッツミャウブックスに専念できた。土日祝日と合わせて一三日までは夫婦で営業時間を通しで店に立った。

友人知人が「おめでとう」と駆けつけてくれた。ビブリオバトルで知り合った、年配の著名編集者もひょいと来店した。もちろん、見ず知らずの人が最も多かった。いかにも猫好きっぽい人たちも来店し、猫店員たちに目を細め、棚から一冊を取り出し、長い時間休憩をする姿もあった。やはり、本を買う人と、買わない人が半々くらいだっただろうか。

それでも、

「にゃんこ、かわいかったです」

「今度、うちの本を持って来てもいいですか」

「また来ますね」

帰りがけにかけてくれる言葉の一つひとつがうれしかった。

もっとも、思ってもみなかったことも、時折起きた。

「おたくは、猫ちゃんをさわり放題なの?」と、電話問い合わせが入った。「いいえ、猫カフェではありませんので」

店員猫を追いかけ、尻尾をつかむ小学生の男の子がいた。同行の母親は気にせず、本棚を眺めている。思い余って、「猫ちゃんが嫌がってるから、やめようね」と注意した。

レジに四〇〇〇円の古本一冊を持ってきた人に、「クレジットカードを使えますか?」と訊ねられた。「いいえ。当店ではクレジットカードの手数料も寄付に回させていただきたいと考えていますので」と応じたら、明らかに不服そうな顔をされた。

六〇代後半と見受けられる女性が、「うちも昔、保護猫を飼っていたんですよ。かしこくて、かわいい子だったんですけど、五年前に死んじゃってね……」と〝我が家の猫ヒストリー〟を延々と語った。「そうですか」「それはそれは」とひたすら相槌を打った。

当初は、そんな想定外の出来事への対応にいちいち苦慮した。夜一〇時、閉店の時間を迎え、最後のお客さんを送り出すとへとへとになり、売上をカウントしては一喜一憂した。

八月一四日(月)からの平日は、昼間は真澄さんが一人で店に立ち、午後七時すぎに会社から帰ってきた安村さんが交代するタイムスケジュールとなった。

「それまで夫に頼りきっていましたから、一人で店に立つのは不安いっぱいでした。急にお腹が痛くなったらどうしよう、お客さんに鋭い質問をされたらどうしよう、出版関係の有名人や夫がお世話になっている方が来られて、名乗ってもらえなかったらどうしよう……とか。取り越し苦労となり、ほっとしましたが」と真澄さん。

何曜日の来店が少ないのか分かるまで、当面は全力疾走するぞ――と、キャッツミャウブックスは「無休」を打ち出していた。ところが、オープン一二日目の八月一九日（土）、真澄さんに大変なことが起きた。

「まったく前触れなく、朝、起きようとしたら、急に右目が白く霞み、砂あらしのような光の模様が現れて、見えにくくなったんです」

痛みはないが、こんなことは初めてだ。病院へ急ぎ、診察を受けた。

「網膜剝離《はくり》です。緊急手術をしますので、すぐに入院してください」と医師に告げられたが、真澄さんは「今、無理です。困ります」と答えたのだという。

「オープンしたばかりなのに、夫にも猫たちにもお客さんにも迷惑をかけるから、今日はとても休めないと思ったんです。手術は一〇〇パーセントうまくいかないかもしれないし、うまくいっても白内障になる恐れがあるとも言われたんですが、よくある病気とも聞いたので、慌てても仕方ないなと」

肝《きも》が据わっている。レーザーを当てる応急処置をしてもらい、とりあえず症状は改善されたので、「入院は明日します」と、ひとまず帰宅した。過労ではなく、目を触りすぎたのが原因だったらしい。

「びっくりしたでしょう」と安村さんに言うと、「ええ、まあ」と、ちょっと冷たい。「無理をさせたのか」と思わなくもなかったが、体は元気だったので、「月曜から店を開けられなくなる。もったいない」との思いのほうが強かったと苦笑する。

真澄さんは、帰宅後、「猫を触っていたら、気持ちが落ち着いた」と言う。その猫たちの世話など、やるべきことをやってから、翌八月二〇日（日）に網膜剝離の手術を受け、一週間入院した。

店は、一九日（土）、二〇日（日）と安村さんが一人で通常どおりに営業して切り抜けたが、その翌日からは営業できない。ツイッターとフェイスブックに「申し訳ありませんが、臨時休業します」と書き込み、店頭のボードにも同様のことを書いて、休んだ。

「ツイートは拡散され、フェイスブックもずいぶんシェアされたので、臨時休業の情報は十分に発信できたと思ったのが、大きな間違いでした。『今、三軒茶屋まで来たんですが、どう行けばいいですか』と電話が幾人もからかかってきたんです。『申し訳ありません、臨時休業しています』と申し上げると『わざわざ来たのに』とご立腹の様子でした。電話をかけてきた方の背景には、近くに来てスマホで調べて『なんだ。休みなのか』と思われた方が相当数いらっしゃったのではないかと思います」と安村さん。

幸いなことに、真澄さんの急病が大事に至らず、二六日（土）、二七日（日）も再び安村さんが一人で営業したが、合計七日間の休業となった。その間に、ツイッターもフェイスブックも見ないお客さんがずいぶんいることを思い知らされることになったのだ。

「ネットを見ないで、動いちゃう人がこんなにいるなんて」

「そういえばこの前、『探したけど、店の場所が分からず、あきらめて帰りました』っていう電話がかかってきたこともあったわ」

「今後、ＳＮＳをやらない人たちと、どうつながっていったらいいんだろう」

入院中の真澄さんの病室で、そんな会話が交わされた。

「オープン以降なんだかんだはありましたが、まあまあ順調に進んできていましたから、妻の網膜剝離ハプニングで最初の試練の機会をもらったのだと思います」と、安村さんは述懐する。

八月三〇日（水）に営業再開。客足が戻るまで数日を要したが、徐々に持ち直す。

平日は、午後二時から真澄さんが店に立つ。安村さんは会社員としての仕事を終え、まつすぐに帰宅して交代し、夜一〇時まで担当する。そして土日祝日は、二人そろって店にいる。そんな日常となった。

新刊を売ることの難しさと本屋の醍醐味

八月の営業日数、一七日。一日当たりの売上額は平日約三万円、土日祝日約六万円。内訳は古本四〇%、新刊二九%、ドリンク二四%、洋書三%、雑貨三%、リトルプレス（少部数発行の出版物）その他一%。

九月の営業日数、三〇日。一日当たりの売上額は八月とほぼ同じ。内訳は古本二九%、新刊四二%、ドリンク一九%、洋書四%、雑貨四%、リトルプレスその他二%。

一〇月の営業日数、三〇日。売上額は八月とほぼ同じ。内訳は古本一四・五%、新刊五五%、ドリンク二〇%、洋書五%、雑貨五%、リトルプレスその他〇%。

八、九、一〇月を比べて、古本と新刊の売上に占める割合が、逆転した。全売上のうち、八月に二九%だった新刊の売上率が、九月に四二%、一〇月には五五%と跳ね上がったのである。オープン間もなくに気づいた「これ以上忙しくならずに、売上を上げるための方策」にも依拠し、安村さんがすぐに実行に移したのが、新刊の販売に力を入れていくことだった。

「新刊は一冊平均一五〇〇円くらいです。古本の売り値は三五〇～四〇〇円くらいなので、四冊買ってもらわないと一五〇〇円に届かないんですが、一人で古本を四冊買う人ってなかなかいません。

利益を考えると、一五〇〇円の新刊一冊なら、利益率二〇％で三〇〇円、三〇％でも四五〇円。古本は仕入れ価格に最低一五〇円を乗せているので、四冊売れると六〇〇円になり、古本のほうが利益は出るのです。でも、ぼくがなぜ本屋を始めたかという理念に立ち返ると、まずは本の文化に寄与し、出版業界に貢献したい。そして、保護猫活動の一助になりたい。この二つです。だから、純売上額の一〇％を保護猫活動団体に寄付すると公言したわけです。なので、利益よりも、売上の数字を上げることを優先しなければ、と思ったんですね」

商売としては当然、少しでも多くの利益を確保していきたい。しかし、目先の利益を早急に追いかけることによって、キャッツミャウブックスの本来の理念からブレることになっては本屋をやる意味がないと、安村さんは襟を正したのだ。

先にも書いたように、キャッツミャウブックスの新刊の仕入れルートは、小規模取次の「子どもの文化普及協会」と「ホワイエ」、他の書店を介する「二次卸」、出版社との「直接取引」。最も利用頻度が高いのは子どもの文化普及協会だ。有効利用し、より良い品揃えに頭を絞った。

「売れると判断できる本を複数冊仕入れて、発注頻度を上げていくことにしました」

例えば？

「『空飛び猫』シリーズ。実は、猫本屋をやろうと思ったときから『この本を置かないと、猫本屋っぽくないな』と意識していたシリーズです。単行本はもう絶版になっていて古本でしか仕入れられないので、初めのうちは単行本の古本を置き、文庫になっている古本も置いていましたが、どちらもよく売れるんですね。でも、文庫は新刊でも仕入れられるから、古本で仕入れるのをやめて、新刊だけを置くようにしていきました」

『空飛び猫』とは、SFやファンタジーで知られるアメリカ人女性作家、アーシュラ・K・ル＝グウィンによる、翼の生えた猫のきょうだいやその仲間たちが主人公の小説で、訳者は村上春樹。S・D・シンドラーのイラストが表紙を飾っている。あの村上春樹をして〈表紙を一目見たときから、僕はこの本を翻訳しようと決心しました。だって木の枝にとまった四匹の猫に翼がはえているのだから、これはどうしたってやらないわけにはいかないですよね（訳者「あとがき」より）〉と言わしめ、春樹ファン並びに猫ファン必読の書とされるそうだ。『空飛び猫』『帰ってきた空飛び猫』『素晴らしいアレキサンダーと、空飛び猫たち』などがそれぞれ単行本で刊行後、講談社文庫のシリーズになっている。

子どもの文化普及協会は、一度に三万円以上の発注で送料が無料になるため、安村さんは三万円に届かないときは、一般的に定番とされる絵本『11ぴきのねこ』（馬場のぼる作、こぐま社）、『ノラネコぐんだん』（工藤ノリコ作、白泉社）シリーズなどで穴埋めして、発注頻度を上げたという。新刊の情報にもいち早く目を通し、「売りたい」と思った本は、初めから三冊、五冊と注文するようになった。二〇一七年九月刊のヒグチユウコの絵本『いらないねこ』（白泉社）もそうで、一〇冊もの単位の発注もかけた。

「最初のころは怖かったので、たいていの本は一冊だけおそるおそる注文していたんですね。すると、入荷したその日に売れちゃう。慌てて追加発注をかけるんですが、子どもの文化普及協会の場合、店に届くのが発注した一〇日後です。しまった、この本は最初から複数冊を注文しとくんだったと〝学習〟する。そういうことは何度もありました」

安村さんは、新刊書でよく売れた例として、『猫たちの色メガネ』（浅生鴨《あそうかも》著、KADOKAWA）も挙げた。この本の情報を知ったきっかけも、仕入れ方法も、面白い。

店がオープンした直後に、ツイッターで「猫の本屋さんできるんだ。じゃあ『猫たちの色メガネ』も入るかな」とつぶやいている人がいて、この本のことを知ったのだという。気になって、毎日amazonでチェックした。ホワイエのデータベースにも挙がってきたときに、試しに二冊だけ仕入れてみた。「正直ぼくはこの著者を知らず、どなたか存じあげない方のツイートが頼りだったから、二冊以上仕入れるのが怖かったんです」

ところが、ホワイエから入荷したその日、棚に並べきらないうちに箱から出してベンチに置いたら、来店した人が目ざとく見つけて、すぐに売れた。その人は、この本を目当てに来店したようで、他の本をまったく見ないで、そのまま帰って行った。「それほどの本だったんだ」と慌ててホワイエに再発注をかけようとしたら、もう品切れになっていた。

「実は、その直前に神田村に行ったときに、何軒もの小取次にこの本がずいぶんたくさん並んでいるのを見かけたのに、ぼくはホワイエに発注した二冊が売れるかどうか不安だったので、仕入れなかったんです。ところが、二冊がすぐに売れて、これはヤバいぞと。神田村で仕入れようと、その二日後に行ったら、あんなにたくさんあったこの本がなくなっていたんですね。さんざん探して、一軒の小取次に四冊だけ残っているのを発見して、その四冊をガーッと買ってきました」

この話をするとき、安村さんの声が弾んでいた。

わたしは本屋さんの取材に行くたび、「本屋さんをやって良かったと思うのは、どんなときですか」と訊ねてきたが、いったい何人の主が「これと思って仕入れた本が、すぐに売れたとき」と即答され、「そういうことがあるから（儲からなくても）本屋を辞められないんですよ」とおっしゃったことか。安村さんも、開店早々に本屋さんの醍醐味を知ってしまったのだ。

古本値付けのポイントは「付加価値値付け」

オープン当初の古本の数は約一〇〇〇冊。お客さんから不満の声は一つも上がらなかったが、安村さん自身が「少ない」と忸怩たる思いだったのは、先述のとおりだ。

各都道府県に「古書籍商業協同組合」がある。その最大のものが、一九一六（大正五）年からの歴史を刻む「東京古書籍商業共同組合（以下、東京古書組合）」で、同組合のウェブサイトによると、神田（千代田区）、五反田（品川区）、高円寺に古書会館がある。

組合員の古書店は、お客から買い取りをした古本のうち、自分の店で売る本と各古書会館で行われる「市場」で売る本に分ける。そして、圧倒的多数の本を市場に、二〇〜三〇冊をひとくくりにして持ち込む。市場は一般書、専門書、洋書、和本、唐本《とうほん》（中華民国以前に出版された中国の本）、資料雑誌類などジャンル別にほぼ毎日開かれ、ひとくくりの本の購入を希望する組合員がそれぞれ値付けをし、最も高価に値付けた組合員に落札される。その後、その組合員の店に運ばれ、販売される仕組みだ。

〈相場の形成も市場によってなされます。古書の値段は個々の古書店で勝手に決めているのではなく、市場での取引により相場が決定しているのです。また、組合の全国的なネットワークは、貴重な本を本当に必要とするひとの手に渡すシステムを形成しています〉とウェブサイトにある。

わたしは、本屋さんの取材を始めた当初、古書店の主同士が仲のいいことに驚いた。この業界では、他店の悪口を言ったり、足を引っ張ったりする人に、不思議なほど出会わない。ほどなく、同業はライバルではなく「仲間」と思っている古書店主が多く、老舗《しにせ》もそうでないところも「認め合っている」稀な業界のようだと思うに至った。何軒かが協力して定期開催する古本市も少なくない。「市場にお手伝いに行き、目利きの先輩たちから（古本の）扱いを教わったおかげで、今がある」と、幾人もから聞いてきた。

東京古書組合の組合員数は約五八〇人（二〇一八年五月現在）。一九八九年がピークで七八一人を数えたが、その頃に開業して入会した人たちの高齢化による店仕舞いにともない、近年は右肩下がりの傾向にあるらしい。わたしが取材に回った古本屋さんの中には、「古書組合に入っていない」という店も散見した。そのほとんどが、近年にオープンした小規模な店である。安村さんも古書組合に入会を希望しなかった。

「加入条件に『営業に従事しようとする者が、引き続き他業からの給与所得によって生計を維持する場合は承認できない』とあり、該当しないからです。もっとも、もし該当するようになっても、猫の本以外の本は買いたくないし、市場の運営を手伝わないといけないらしく、その時間もないから入会しないでしょうね」

キャッツミャウブックスは、目下のところ、他のリアル古本屋からの「せどり」と、ネット書店からの購入が仕入れの大半を占める。古書組合の加盟店でも、こうした方法を併用することも珍しくない。例えば、食料品を他所《よそ》の小売店から買い、利益をのせて転売する店などあり得ないから、古本業界独特の仕入れ方法だ。それが可能なのは、転売する店が、汚れを取り除いてきれいな状態で独自のオーラを放つ棚に並べるなど、本に「付加価値付け」ができるからだと、わたしは思う。

「正直に言うと、うちは古本をそんなに安く売っていないです」

と、安村さんが明かした。猫がいる猫本専門店という装置および棚の並びと選書、知らなかった猫本を提示することで付加価値を生んでいると自負しているという。「これから生き残る本屋は本以外の付加価値を提供できるところだけなのでは、と考えているんです」

仕入れ値に最低一五〇円をのせるとともに、ネット書店で売られている値段を参考にし、新刊の定価を超えないけれども「高すぎる」と思われない程度に高く値付けをしているという。

仮にBOOKOFFに五〇〇円で出ている本だったら、いくらで売りますか?

「いくらで仕入れたかに依ります。amazonやBOOKOFFに五〇〇円で出ていても、五〇〇円で仕入れていたら六五〇円、状態がすごく良かったら七五〇円。いずれも、状態が悪かったら値引きしますが」

そうか、ネット書店の値段が値付けの基準なのか——と、ついつぶやくと、「もっと言うと、うちで本を見つけてから、その場でスマホからネットで妥当な値段かどうかを調べ、買う買わないを決めるお客さんも多いですよ。他の店に行ったとき、ぼくもそうしますし」

BOOKOFF を例にとると、本の内容の価値ではなく表面的なきれいさを第一義に買い取り、値付けされる。古書組合が培《つちか》ってきた「市場での取引により相場が決定している」つまり経験値による目利きに、BOOKOFF は真っ向勝負をかけているのだ。そういったネット書店に依拠した値付けってどうよと思わなくもないが、キャッツミャウブックスにとってベストな方法なのである。いずれにしても、何度も書くが、本屋さんは利益の薄い小さな商いだ。

開店二か月後くらいから、「買い取りをお願いできますか」と本を持ってくるお客さんがぽつりぽつりと出始めた。

「キャッツミャウブックスなら、ご自分の大切な本を次の読み手に読み継いでもらえると思われるリピーターさんたちです。うちのコンセプトが伝わっていて、雰囲気に合った本をお持ちいただくので、喜んで買い取らせてもらっています。『お金はいいです、寄付します』と本を持ってきてくださった方も結構いらっしゃいました」

買い取りや寄付の本が、amazon や BOOKOFF に五〇〇〇円で出ていたら、売値は?

「五〇〇円ですね。けれども、うちにすでにある本と重複していて、元からの本を四〇〇円にしているなら、それと同じ四〇〇円に値付けします。最終的には、ぼく自身がこの値段で買うか否かを一番の基準にしていますね」

そんなこんなを積み重ねていくうちに、キャッツミャウブックスのオリジナルな「猫の古本の相場」が形成されていくのだろう。

ＰＯＰではなく棚の「物語」でアピールする

近頃、どこの本屋さんに行っても「ＰＯＰ」が百花繚乱《ひゃっかりょうらん》だ。ＰＯＰは、出版社が推したい本ごとに作るケースも、書店員さんが自ら作るケースもあるが、本の内容を短く説明するものから、「この一冊であなたの人生変わります」「一気に読んで泣きました」などと情に訴えるものまでさまざまである。二〇〇〇年代前半から急激に増えた。二〇〇一年に千葉県習志野市の書店「昭和堂」の一枚のＰＯＰから『白い犬とワルツを』（テリー・ケイ著、新潮社）がベストセラーになった、岩手県盛岡市の「さわや書店」が『思考の整理学』

（外山滋比古著、筑摩書房）のPOPを作ったのが、同書が売れに売れるきっかけとなったなど、POPが本の販売を大きく促した例にはこと欠かない。しかし、お客としては、近頃「売らんかな」のPOPが多過ぎて、ごちゃごちゃだと感じることもある。

その点、キャッツミャウブックスにはPOPがほぼ見当たらず、棚がすっきりしている。安村さんのことだから、POPを作らないのは頑なな理由があるのかと思いきや、「面倒くさいから」とひとこと。他の業務にいっぱいいっぱいで手が回らないと吐露する一方で、「うちがどの本を推しているかは、棚の並べ方で主張しているから、必要ないです」とも言う。

大手書店でも、猫の本のコーナーを見かけることが増えた。多くは「かわいい」本で埋め尽くされている。しかし、キャッツミャウブックスは「かわいい」ばかりではない品揃えだ。

「猫を〝入り口〟に来たお客さんに、興味の幅を広げて読書好きになってもらいたいんですね。本を読むことって、やっぱり財産――というか精神的な資産だと思うから。試行錯誤しながら棚を作っていっています」

新刊のコーナーでは、まず壁に面陳された本が目をひくが、それらは大人っぽい。そして、スマートだ。わたしがいつも目をとめてしまう本を列挙すると、『世界の美しい猫101』（レイチェル・ヘイル・マッケナ写真、パイインターナショナル）、『必死すぎるネコ』（沖昌之写真、辰巳出版）、『STEINLEN CATS』（Dover Publications）、『静かな奇譚　長谷川潾二郎《りんじろう》画文集』（長谷川潾二郎著、求龍堂）……。表紙をそのまま額縁に入れて飾りたいような写真集や画集で、安村さんの独特のこだわりを感じるに十分だ。

次に目がいく平台では、大型書店でも見かけるような猫エッセイやコミック、実用書などども目につくが、こだわりは棚の〝一等地〟にも大いに散見される。

『動物奇譚集』（アイリアノス著、中務哲郎訳、京都大学学術出版会）、『猫の伝説116話』（谷真介著、新泉社）、『動物を追う、ゆえに私は〈動物で〉ある』（ジャック・デリダ著、マリ＝ルイーズ・マレ編、鵜飼哲訳、筑摩書房）、『世界動物神話』（篠田知和基《ちわき》著、八坂書房）、『スクリーンを横切った猫たち』（千葉豹一郎著、ワイズ出版）……。猫も題材にされた珍しい伝承や、哲学に通じる難しそうな本がずらりと背を並べているのだ。

「こういった本は、売れるんですか？」と問うと、「いいえ。ほとんど売れません。でも、たまに売れて『よっしゃ！』みたいな感じで、必ず追加発注をして常備します。どうしても置いておきたい『これがオレだぜ』みたいなキモなので」

このこだわりこそ、安村さんの猫本屋としての矜持《きょうじ》なのである。『動物を追う、ゆえに私は〈動物で〉ある』を手にし、表紙に描かれたシュールなイラストを見ていると、安村さんが急に饒舌になった。

「デリダはポスト構造主義のフランス人哲学者ですが、この本は猫に自分の裸を見られた体験から始まる講演とかの収録です。デカルト、カント、レヴィナス、ラカン、ハイデッガーらがあらゆる動物を人間とは違うものとして、いかに哲学と倫理学の向こう側に追いやってきたか。動物と人間の伝統的な対立関係を暴いていて、めちゃくちゃいいですよ」

わたしには少々ハードルが高く、頑張って読んでみようという気にはならないが、失礼ながら安村さんの饒舌ぶりが面白かった。「棚にもお客さんにも目が届くこの規模の店だから、POPに書くようなことをこうして口で言うんです。機会はまだ少ないけど」

そう聞いて、うれしくなった。口頭の案内は、さんざん安村さんの言の葉にのぼってきたウェブサイトやSNSでの「つながり」と対極で、POPよりももっとアナログである。安村さんは、敢えて超アナログな方法を選んで、矜持自体を楽しもうとしていると思えたからだ。さらに、「ネット通販は絶対にしません。手にとって、その本の世界をリアルに見て買ってもらわないと、ぼくが本屋をやる意味がないから」とも、きっぱり言った。
古本中心の奥の部屋にも安村さんのこだわりは随所に見られ、棚に〝物語〟がある。入った右手の上から下へ、そして隣の棚の上から下へ……そして反対側の棚へと、順にジャンルを追うと、こうだ。

女性が猫と暮らすとき⬇世界の猫⬇猫と人間のコミュニケーション⬇猫愛の強い人へ⬇自己啓発と猫ヨガ・マッサージ系⬇男と猫・猫知識・猫と宇宙⬇子猫⬇猫の神話・不思議⬇黒猫から始まる色シリーズ⬇生物と猫⬇犬と猫⬇『吾輩は猫である』をもじった本⬇猫系神社⬇内田百閒『ノラや』とその周辺⬇老人と猫⬇ペットロス⬇文学⬇リサ・ラーソン作品集⬇写真の撮り方⬇招き猫・猫球⬇猫の怪奇⬇漫画家と猫⬇文庫⬇東京と猫⬇食⬇ミステリー⬇音楽・哲学・経済・科学⬇物語⬇猫の名前⬇美術芸術系⬇保護猫⬇アメリカの猫⬇島の猫⬇眠る猫⬇パリの猫⬇量子力学⬇野良猫

本棚が縦横無尽につながっている。それも「店主の並び方の意図に気づいても、気づかなくても平気です。どうぞご自由にお目通しください」とばかり、インデックスなしで並べられているのである。

一〇月のある日、「キャッツミャウブックスらしい本を紹介してほしい」とリクエストしてみた。

安村さんは、腕組みして少し考えた後、新刊・古本を織り交ぜ幾冊かをピックアップしてくれる。

まず、瀧井朝世《あさよ》の『偏愛読書トライアングル』（新潮社）。表紙が、すやすや寝ている大きな猫と本棚、机などの渋いイラストの本だ。「表紙が猫なので、猫本扱いにしたんですが、『王様のブランチ』にも出ている瀧井さんがまさに偏愛している本ばかりを紹介している本です。お客さんがこの店に期待している本と合わないかもしれないけど、うちで売れてほしいんです」

次は、『心を操る寄生生物』で、サブタイトルは「感情から文化・社会まで」。キャスリン・マコーリフ著、西田美緒子訳。版元はインターシフト。帯に「あなたの心を微生物たちはいかに操っているのか」とある。

「かわいい猫本ではぜんぜんないんですが。だいたいの人は、自分の心は自分だけがコントロールできると信じていて、ヒトの心が寄生生物に操られるわけがない、と思っているに違いないけど、ウイルス、細菌、寄生虫など寄生生物は、宿主《しゅくしゅ》であるヒトをコントロールして、自分たちの栄養になるものを食べさせたり、自分たちにとって有益な環境にもっていったりしているんですよ、みたいな話ですね」

さらに、『天狗芸術論・猫の妙術』（佚斎樗山《いっさいちょざん》著、石井邦夫訳注、講談社学術文庫）。「江戸時代に書かれた、猫の武術みたいな話で、猫がネズミ捕りの極意を語るんです。これは、平積みにしておいたら売れなくて、棚に一冊挿しておくと、なぜか探し出される。分かる人が買っていくみたいです」

面白い。やわらかい内容の本がたんまりあり、売れるのはそちらのほうだろうに、安村さんは嬉々としてマニアックな本を語る。

「ぼくの好きな食人種とかの話も出てくる」という『朝のコント』（フィリップ著、淀野隆三訳、岩波文庫）、「家に置いておくとおしゃれですよ」という洋書の『SHOP CATS OF NEW YORK』、さらにメガネをかけ、美形と言いがたいおじさん猫のイラストが表紙の絵本『めがねこ』（柴田ケイコ作、手紙社）も持ってきてくれた。

わたしは、古本エリアのテーブルでコーヒーをいただきながら、それらの本を次々と手に取り、猫ワールドに入っていき、「やばい。犬派のわたしまで猫本に惹《ひ》かれていっている」と心の中でしのごの言う。

ところで、安村さん。本を買う人・買わない人の法則は見えてきましたか？

「そうですね。猫好きの女性が二人組、三人組で来られ、『かわいい！』と第一声を上げるようなグループは買わない。『あ、この本、持ってる』と言う人も買わない。店内で特に何も喋らずに、静かに本棚を見る人が買ってくださる傾向にありますね」

集まってくる「猫族」たち

さて、「猫店員」さんたちのことを――。

「店長」の三郎は、先にも書いたように一五歳と高齢だ。多くの時間を二階の自宅で過ごし、時折気が向いたときに〝部下〟の四匹とお客さんの様子を見に降りてくる程度だが、古書中心ルームに行くと、「読太」「鈴」「さつき」「チョボ六」の四匹には、ほぼもれなく会える。

安村さんと真澄さんから、キジトラが読太と鈴、黒猫がさつき、キジ白がチョボ六と何度も教えてもらったが、わたしは犬派だからかなかなか識別できない。「読太はやんちゃで、動き回ってちょっかいを出したがるので動画映えする。対して、フォトジェニックな〝お嬢様〟で、静止画向きなのが鈴。さつきはマイペースで天然。チョボ六はデレデレせずにいつも冷静で〝慎重なお姉さん〟。そのくせ探検・冒険が好きなタイプ」と聞いても覚えられない。いつまでも四匹とも単に「猫」だった。

　ところが、猫族たちはすぐに覚えられるらしい。

　一一月の半ばの夜のことだ。客としてキャッツミャウブックスに行き、初来店という三〇代の女性客（以下「Aさん」）とご一緒したが、彼女はネット記事に出ていたからと、さっそく近づいてきた子に「あなたが読太ちゃんね」と撫で、「あそこで寝ている鈴の写真を撮ってもいいですか」と安村さんに訊く。この人が特別に覚える力に長《た》け、マナーもいい人なのかと思ったが、次におそらく四〇代の女性（以下「Bさん」）がやってきて、ひととおり本棚を見て、買う本を手にしてから、椅子に座り、「読太ちゃん、気持ちよさそうですね」とAさんに声をかけた。「二か月ぶり、二回目」の来店だそうだから、二か月にわたって記憶していたのだと驚いた。

　そのお二人は初顔合わせだが、ビールを飲みながら、それぞれ自分の猫の話を延々と交わし始めたのには、もっと驚いた。

Bさん「うちの子も保護猫で、うちに来て一年なんですが、このごろ喉を上手に鳴らして、くっついてくるようになって」

Aさん「ゴロゴロと甘え鳴きですか」

Bさん「そうそう。我が道を行くタイプだったのに、性格が変わってきたみたい」

Aさん「本気で心を許したんじゃないですか」

Bさん「だったら、うれしいですね」

Aさん「ますますかわいいでしょう？」

Bさん「ええ。男の子なんですけどね」

Aさん「うちは女の子。クロっていうんですけど、尻尾をばたばたしちゃう子で」

Bさん「うちも、あるあるですよ」

Aさん「ほんと?　お名前は?」
Bさん「ルパン」
Aさん「かわいいお名前ですね」
Bさん「ルパンも尻尾ばたばたするする。爪のカキカキも柱がお気に入りだから、もうたいへん」
Aさん「分かる分かる。うちの前の子、メイもそうでした」

スマホの写真を見せ合って、「かわいい」「かわいい」と言い合い、また「わが子」の習性やらおやつの好みやら同衾《どうきん》している話やらを延々続けるではないか。

なんと平和な。猫に興味のない人が聞いたらどうでもいいようなことをよく喋るお二人だなあ——と若干ひいたが、わたしも仲間入りしてみようと割り入ってみた。

「すみません、わたし猫を飼ったことがなくて犬族で。一六年一緒だったわんこを見送っちゃったんですが、その子、猫っぽい犬だったんです。冬はこたつに入って出てこなくて」

滑ったかな、と思ったが大丈夫だった。「写真見せて」と言ってくれる。見せると、Aさん B さんこぞって「かわいいかわいい」と連発し「お名前は?」と訊いてくれた。

延々と「うちの子」の他愛もない話をし、他者にやさしいのは猫族の特徴なんですか、と安村さんに訊く。

「たぶんね。犬を飼っている人は『うちの子が一番』で、違う犬種のよその子はそれほどでもなかったりするでしょう?　でも、猫族は『うちの子はかわいい。でも他の猫もみんなかわいい』なんですよ。だから、家に最愛の子がいても、猫カフェにも行くし、店員猫もかわいいと思ってくれる。それに、犬族はお散歩で同じ犬族と知り合って犬の話をできるけど、猫はお散歩しないので、猫族同士が知り合える機会って、あんまりないですからね」

なるほど、である。とすると、キャッツミャウブックスは猫族の恰好の溜まり場となるのか。

「いやあ、本屋なのでそれだけだと少し困っちゃうんですが……。開店当初、本屋ということがうまく認識されておらず、猫カフェをイメージして訪れて、猫店員を触ってお茶だけ飲んで帰るお客さんも多かったんですが、三、四か月経った頃から店のコンセプトに共感してくれる方が増えました。『同じ本を買うなら猫のためになるキャッツミャウブックスで買いたい』と、わざわざ遠くから足を運んでくださるお客さんもいらっしゃって、ありがたい。そういう方は、『自分から触りに行かず、猫が寄ってきたら触る』という鉄則を分かってらっしゃる。ようやく、です」

第4章

進化する本屋さん

メディアに載るということ

「猫本屋」「猫店員がいる」「保護猫活動に寄与」「新規開店」。とりわけこの四つの要素は、メディアの恰好のネタになる。一章の冒頭に記した安村さんの言葉の中に、ブックコーディネーターの内沼晋太郎さんによる「メディアの取材記事にとりあげてもらいやすいように」という指南があったが、キャッツミャウブックスはまさにそのとおりの本屋さんとなり、オープン後も取材は相次いだ。

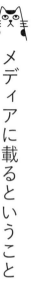

キャッツミャウブックスが紹介された雑誌を見せてもらって、わたしは猫の専門誌がこんなにあるのかと驚いた。「ねこのきもち」「猫生活」「ネコまる」「ねこ」「ねこ自身」「猫ぐらし」……。わたしがキャッツミャウブックスで会い、「よく喋るなあ」と若干ひいた猫族たちは、こういった猫雑誌も読んでいるのか。

「お客さんに、『何か雑誌をご覧になって来られましたか』とは訊かないので、記事を見て来た方がどのくらいいるのかまったく分かりません。メディア経由で来た方もそうでない方も、ぼくにとっては等しくお客さんです」

そんな言葉が出た後だった。「取材をたくさん受けていると、中には、こちらの意図と違った紹介をされてしまうこともあって、辛いですね」と安村さんが漏らしたのは。取材する側の立場であるわたしとしては、ドキッとする。

例えば？

「この記事」と安村さんが取り出したのは、出版業界の専門紙だった。わたしは、さっと読んで、どの部分が「こちらの意図と違った紹介」なのか分からず、「すごくいい記事だと思いますが」と反応したら、安村さんは顔をくもらせた。

「『新しい本屋が誕生しています』的な企画とオファーをいただいたのに、タイトルにまで『古書店』と掲載されてしまって……。ぼくは古書店を始めたつもりはなく、開いたのは『本屋』です。古本も扱っているだけなのに。それに、記事確認のとき、キャッツミャウブックスで扱っているのは『古書』ではなく『古本』だから訂正してくれるようにも頼んだのに、『うちの媒体の表記ルールです』とのことで……」

古本と古書はどう違うんですか？

「古本は、単に中古の本。古書は、もう絶版になって新刊では手に入らないような貴重本のことですよね」

　う〜ん。しかし、一般的には古本と古書が同義語として使われているんじゃないだろうか。

「古本、古書については、ナーバスな書店もあるので、私はそれぞれの古書店なり古本屋なりの思いを尊重して原稿を書いていますね」

　こう話すのは、〝古本ライター〟として知られる岡崎武志《たけし》さんだ。私も、岡崎さんに倣《なら》って、本書はできる限り「古本」記述に統一することにしたが、岡崎さんですら「絶版になっていない本すべてが古本と認識されたり、絶版になっていなくても新刊時の値段より高価格で売買されていたら古書と認識されたりすることもあるので、線引きが曖昧」と言う。そういえば、東京古書組合の本拠地は「東京古書会館」だが、運営するネット通販サイトは「日本の古本屋」だ。

　どの媒体でも、当初予定していた企画のタイトルが、掲載時もそのまま変わらないほうが稀だ。予定調和では取材した意味がない。見出しは、新聞の場合は整理記者、雑誌の場合はデスクや編集担当者がつけ、そこには「編集権」が存在する。堅いことを言うと思われるかもしれないが、つまり記事にも見出しにも「言論の自由」がある。

「それもそうですね。でもやっぱり……」と安村さん。

話を戻そう。こうしてメディアの客観評価も受けつつ、キャッツミャウブックスはその歴史を刻み始めたのだ。

インプットとアウトプットのバランス

「ファインダー越しに見ていると、オープン三、四か月後くらいから、安村さんが『まるい顔』をのぞかせるようになりました」

と、カメラマンの新藤祐一さんが言う。本書に掲載の写真の一部は新藤さんの撮影によるものだが、物件のリノベーション前から、月二回ペースでキャッツミャウブックスに足を運び、定点観測のように撮影を続けている人だ。新藤さん自身もビブリオバトルのバトラー。二〇一一年にビブリオバトルの会場で安村さんと知り合って以来の友人でもある。

友人だからこその安村さん評は、「もともと、まるい人じゃない。どちらかというと、頑固で人見知り。弱音を吐かない人」。

新藤さんは「カメラマンの仕事をしながら、二〇〇一年からウェブ制作会社も経営している」という パラレルキャリアの〝先輩〟である。猫本屋の計画を聞いたとき、経営者の立場から「儲からないよ」「うまくいかないよ」と進言したが、「否定的なことばかり言わないでくれ」と安村さんに、しばらく距離をおかれたこともあったそうだ。しかしながら、「記録写真を撮ってほしい」と頼まれて快諾した仲。

――「まるい顔」って？

「緊張がとけて、本物の笑顔が出てきた感じがします」

わたしも安村さんにたびたび会ってきたが、特に気づかなかった。さすが、ファインダー越しにシャッターチャンスを狙うカメラマンの観察眼だ。

「安村さんは演劇をやっていたから、笑顔を作ることができるんです。私は仕事で大企業のトップからアイドルまで撮っていますが、ふつう、素人さんに『笑ってください』と言ったらぎこちなくなります。でも、安村さんのように演劇の人はその訓練ができていて、うまく笑顔を作れる。なので、ネット記事にアップされている安村さんの写真、みんな笑顔でしょう？」

そういえばそうだ。改めてネット記事を繰ってみると、本棚をバックに佇《たたず》んでいたり、猫を抱いていたり、猫本を手にしていたり。どれもこれも確かに写真うつりが抜群にいい。

あ、でも、確かに同じような笑顔だと、わたしも気づいた。撮影したカメラマンの腕が悪いわけではないだろうに、〝人となり〟の瞬間を切り取ったような写真は見当たらない。もしや安村さんは、「ニューオープンの猫本屋の、猫好きのにこやかな店主」を役者のように演じていたのか。

新藤さんが言う。

「緊張を表に出さず、『忙しいけど、好きなことをやっている』という感じの所作を、無意識のうちに意識していたのでしょうね」

なるほど、オープン初日の編集者のレポートに「余裕なんだか、余裕がないんだか分からないリアクションが返ってきた」とあったのは、そういうことかもしれない。

真澄さんが急病で入院したとき、新藤さんはパンの差し入れを持って休業中のキャッツミャウブックスに行ったそうだ。安村さんは心細そうだったが、「ほんとにありがとう」と小さく微笑み、パンを受け取った。そのとき、新藤さんは「あ、本物の表情だ」と思ったという。オープン三、四か月目頃から、そうした「本物の笑顔」が「作りものの笑顔」よりも勝るようになり「まるくなった」と、新藤さんは見たのだ。

そういえば、「まるくなった」で、わたしも一つ思い当たる。

「本を買ってくれた人には『ありがとうございました』と送り出すが、さんざん猫店員と遊んだりして、長く店にいたのに何も買わないで帰る人には『お気をつけて』と言うことにしている」と安村さんから聞いたのは、オープン一か月後だった。内的なエネルギーを保つためと理解しようとしたが、それは取材に行くわたしにも適用されたので、一冊も買わなかった日に「お気をつけて」と送り出されると「なんだかなあ」と悲しくなった。ところが、一二月には、本を買った日も買わなかった日も「ありがとうございました。お気をつけて」のダブルの言葉に変わっていた。

「年末に、安村さんが『お客さんはありがたいと、つくづく思うようになった』と言っていましたよ」と、新藤さんはしみじみと言った。

思うに、誰しも「インプット」と「アウトプット」のバランスをとって生きている。わたしも良い原稿を書くために、その原稿に直接には関係のない本を読んだり、映画を観たり、あるいは人と話したり、もっと言えばお酒を飲んだりすることも大切だと思っている。そういった一見余分なことを体にインプットできない状態が続くと、「書く」仕事がぎすぎすしてくる。安村さんは、大丈夫なのか。

「ぼくも、それが気がかりでした。でも、H.A.Bookstoreの松井祐輔さんが、『本屋は人

が来てくれるので、いながらにしてインプットできる仕事ですよ』とおっしゃっていたんです。そのとおりでした」（安村さん）

とはいえ、「本屋になってから、本を読む時間がとれなくなった」ともこぼしていた安村さんだが、秋も深まる頃から、「日曜日の午前中に、夫婦で映画を観に行った」「妻の誕生日に、ちょっと豪華な店へ食事に行った」などと、キャッツミャウブックス以外の余談も聞くようになり、勝手ながらわたしは、ほっとしたものだ。

新藤さんをはじめビブリオバトルの仲間たちが「無休営業は体をこわす。定休日を設けよ」と口すっぱく言っても受け入れなかった安村さんだが、オープンして三か月余りが経った二〇一七年一二月から、毎週火曜日をキャッツミャウブックスの定休日とした。

十人十色の「本屋時間」——ある日のお客さんたち

二〇一七年の初冬のある平日、午後三時半にキャッツミャウブックスへ行った。

「いらっしゃいませ」と、真澄さんに迎えられた店内は、オープン当初と比べて、木が一・

五倍に増えた印象だ。二階の自宅に続く階段には猫の置物が飾られ、賑わい感も増している。新刊コーナーの壁面に、見覚えのある猫のイラストと短文が入った額装が掲げられているのに目をとめていると、

「この絵？　この前、トークイベントをした『これから猫を飼う人に伝えたい10のこと』のページをパネル化したものです。著者の仁尾智《におさとる》さんとイラストレーターの小泉さよさんが作成してくださったんです」

おっとりと、しかし弾む口調で真澄さんが言う。

一本の横棒の周りに、茶色や黒のまるまるとした五匹の猫が背中や横顔を見せる絵に、〈窓際に5匹の猫が並んでる「るるるるる」って見えなくもない〉と短文が添えられている。

観葉植物二つと尻尾の長い猫がオブジェのようにおさまっている出窓の絵には、〈この家は長い道草なのですか　元野良猫が外を見ている〉。

短文は、短歌だった。なんともほんわかした猫ワールドに見入ってから、奥の古本の部屋に入る。

四〇歳くらいかな、と見受けられる女性の先客が二人いた。テーブルで、黒セーターの一人がビールを飲みながら文庫本を読み、ブルーのボレロを羽織ったもう一人はコーヒー

を飲みつつ写真集を開いていた。それぞれ足元に猫がくっついている。

「ご一緒していいですか」と隣に座ると、「もちろんです」。おふたり同時に同じ言葉を発して、にっこり顔を見合わせたのを機に、黒セーターの人がブルーボレロの人に話しかけた。

「そこに載ってるの、日本の猫ちゃんですか?」

「いいえ、『猫のアジア』って本。このページのはバリ島の猫らしいんですが、どことなく日本の猫と違いますよね」

「ほんとだ、まどろみ方が」

「どことなく明るい」

と言い、笑い合った。

「空の色に映えていますね」と、わたしも口をはさませてもらった。

黒セーターの人は、この日、仕事が休み。猫の雑誌に載っているのを見て栃木からわざわざ来たそうだ。「ずっと猫を飼ってたんですが、去年亡くなって。まだ次の子を飼おうという気にはなれないけど、やっぱり猫はいるだけで癒されますね」

ブルーボレロの人は、飲食店にお勤め。三回目の来店だという。「夕方から仕事なので、その前に英気をやしないに来ました」と、すり寄ってくる猫を撫でた。「今住んでる家は飼えないんですが、実家には（猫が）いるんです。なので、実家に帰るときは、親に会いにじゃなくて、猫に会いにみたいな感じ」

ふたりがスマホを取り出したので、あ、始まるぞ、と思ったが、案の定だった。おひとりが「実家の子」の写真を、もうおひとりが「去年まで一緒だった最愛の子」の写真を見せ、互いに「かわいい」「かわいい」だ。

前後して二人が一冊ずつ買って、帰って行った後、今度は「兵庫から夜行バスで来た」という、三〇代の女性が来店した。夕方から渋谷で友達に会うが、朝から神保町で古本屋巡りをしてきた。「怒られちゃうかな、時間をつぶさせてもらおうと思って来ました」というわりには、一時間ほど滞在する間に、一冊また一冊と合計四冊も買った。

四時二五分。中年のカップルが来店した。「見て見て、あの子、かわいい」と女性が言えば、「ほんまほんま。あ、あそこ、本棚が作り付けのキャットウォークになってるで」と男性が返す。賑やかな関西弁の夫婦だった。わたしも関西ネイティブ。「関西の方ですか」と訊いてみる。

「分かります？　大阪です。ぼくら、もう二〇年近く東京に住んでるのに、二人ともずっと大阪弁ですわ」

夫さんは放送作家だそうだ。大阪のテレビ局の仕事もしているとのことで、わたしがそのテレビ局にいる友人の名前を挙げると、「知ってる知ってる。一緒に仕事してますよ」。こうして距離が縮まったからか、夫婦ともわたしに、「これ、うちの子。かわいいでしょう?」とスマホの写真を何枚も見せ、「三歳なんですけどね、もう絶好調」と目を細める。

やはり、雑誌の記事でこの店のことを知り、「ずっと来たかった」のだそうだ。「水曜日のネコ（ホワイトエール・ビール）」を注文。本棚を隅々まで見て、この本、あの本と取り出しては、二人仲良く喋りながらページを繰りつつ、妻さんがわたしにおっしゃった。「うちの家、〝猫ミュージアム〟で足の踏み場ないんですよ」。猫のぬいぐるみから陶器のオブジエまで、猫グッズで埋まっている写真を見せてくれる。横から、夫さんが「こういうのもやってるんです」と、女優の川上麻衣子さんとのトークと〝猫体験〟をするというイベント「今夜は猫に感謝祭」のフライヤーをくれた。

やまだ紫の詩画集『樹のうえで猫がみている』とペーパーバック『世界のCat Life』を買って、「また来ますわ」と二人が去った後、いただいた夫さんの名刺の名前をスマホで調べ、数々の人気番組にかかわり、「放送界のスーパースター」と書かれている人だったと知る。

六時一〇分、会社帰りという、おそらく安村さんと同世代のスーツ姿の男性が来店し、生ビールを片手に写真集を開く。

店から徒歩三分のところに住むご近所さんなのだそうだ。「クラウドファンディングをしている情報を見て、『世田谷区若林って書いてあるけど、まさかこんなところに本屋を作るはずないだろう』と思ったんですが、オープンして妻と一緒に見にきて『ほんとにここだったのか』と驚きましたよ」と笑う。以来、「週一、二回のペースで立ち寄り、一息ついてから家に帰る」のだという。

家で三匹を飼っている「猫好き」。「死ぬほど猫本が家にあるので、町田康《こう》や武田百合子、内田百閒の本や『ユリイカ』の猫特集号などを寄付しました。なのに、また別の猫本をここで買っている。大きな本屋だと、好きな本にたどりつくまで時間がかかるけど、ここならすぐなので、また買っちゃうんですね」

二〇分ほどして、お連れ合いから「まだ?」とＬＩＮＥが入り、「じゃあ帰ります」。いつの間にか、真澄さんと交代して新刊コーナーのレジにいた安村さんと少し談笑し、帰っていった。

入れ違いに、「三軒茶屋のバーに勤めていて、今日も九時から仕事」という若い女性が来店。猫の飼い方の本が並ぶ棚から、二、三冊取り出し、ウーロン茶を飲みながら二時間余りを過ごした。「時間つぶしというか、仕事への切り替えの時間というか」。常連のようだ。

彼女が帰った頃から、猫店員たちの動きがやにわに活発になる。

「猫店員たち、夜行性ですから。昼間じっとしていた子も、スイッチが入るんですよ」と安村さんが言う。キャットウォークをスピーディーに動き回るのは読太だ。その読太がチヨボ六にちょっかいを出し、二匹してころがる姿もかわいい。「こういうところもお客さんに見せたいけど、今日はもう誰も来ないかも。小雨が降り出したし」

客足は天候に左右されるのだ。わたしもそろそろ失礼しようと新刊コーナーへ移動したが、八時三〇分、中年のご夫婦がドアを開け、「今からでもいい？」と顔を出した。

「もちろんです。どうぞどうぞ」

近所に住む常連のご夫婦らしい。「札幌から友だち夫婦が遊びに来たので、連れて来たんです」。ご夫婦の後ろに、もう一組のカップルが控えていた。「面白いんだよ。五匹いるんだ」「人懐っこいんですよ！」と、ご常連が友人夫婦に説明し、古本ルームに入っていった。

「あれから貸切状態になって、あの方々、ビールをお代わりして〝我が家のリビングルーム〟みたいにゆったりと使ってくださいましたよ。本？　お友だち夫婦が二、三冊買って行かれました」と、後日、安村さんに聞いた。

猫本屋ならではのイベント開催

キャッツミャウブックスでは、二〇一七年一〇月下旬からイベントが始まった。イベント開催は、当初計画にも入っていたが、オープンして三か月が経ち、機が熟したのだ。二〇一八年五月までのイベントをいくつか紹介しよう。

一〇月二〇日（金）：第一回猫本ビブリオバトルat Cat's Meow Books（この後、第三回まで開催）
一〇月二二日（日）：絵描きと歌人と本屋の猫ばなし
一一月三日（祝）：猫毛フェルト教室（一一月一七日、一九日にも開催）

一一月二五日（土）：ネコヨガ（この後も、週末午前を中心に複数回開催）
一二月二四日（日）：おひとりさま会
一月八日（祝）：ねこのお茶会～ねこ文具を愛でる会（『まいにちねこ文具』発刊記念）～
一月一三日（土）：本屋で猫見酒！（『猫と呑み助』ほろ酔い読書会）
一月一九日（金）：ひみつの猫集会～クラファンで出来ること～（島猫映画『ニャハ！』応援企画）～
一月二六日（金）：ねこの防災準備会～『ねことわたしの防災ハンドブック』を読む～
二月四日（日）：ネコヨガ（男性限定）
三月一八日（日）：ねこのえほんかいぎ～本屋がオススメ「ねこ絵本」を紹介しあう会～
四月二一日（土）：ねこぬりえワークショップ（五月一二日にも開催）
四月二五日（水）：「まいにち ねこ文具」ワークショップ ～ねこノートを作ろう！～
四月二七日（金）：ナカムラクニオ／やらニャイ幸せをつかむ『猫思考』トーク
五月二六日（土）：宮台真司×真鍋厚『〈社会〉という〝まぼろし〟をどう生きるか』～ねこと映画とコミュニティをめぐる夜話～

「キャッツミャウブックス独自の企画も、出版社や講師の先生から売り込まれて場所貸しをした企画もあります」と安村さん。

参加定員は、イベントによって五〜一九人。告知はツイッター、フェイスブックなどで行い、Peatix（イベント管理サイト）経由の申し込みだが、すべてのイベントが満席になった。中には、告知したその日に満席になったものもあった。

一〇月二二日の「絵描きと歌人と本屋の猫ばなし」は、安村さんの企画だ。のちに新刊コーナーに絵と短歌が展示される自費出版本『これから猫を飼う人に伝えたい10のこと』の著者の仁尾智さんとイラストレーターの小泉さよさんの話を安村さんが聞き出していくトークイベントだった。わたしも参加した。

安村さん自身が「読んで泣いちゃった」ことと、五〇〇部刷った初版がすぐに売り切れて五〇〇部が増刷されたことを最初に明かしてから、仁尾さんがどんな思いでエッセイを綴り、短歌を詠んだのか、お二人にどんなやりとりがあったのか、小泉さんがどうイメージをふくらませて猫のイラストを描いていったのかなど、発想と制作のリアルな裏話の披露へと続いた。途中、安村さんは「これは、飼ったことのある人の『あるある』ですよね」「安易に（猫を）飼っちゃやだめというメッセージが伝わってきますよね」などと、本の内容に

イベントの様子をキャットウォークから見守る

つながる合いの手をうまい具合に入れる。すでにこの本を読んで参加した人にも、初めて手に取った参加者にも気配りされた進行だな、と思えた。案の定、後半には参加者からの質問や感想が次々と寄せられ、和やかな一時間半となった。

たびたび開催されている「ネコヨガ」は、〝猫業界〟で近ごろ注目を集めているヨガだ。指導は、ネコヨガの第一人者の池迫《いりさこ》美香さん。全米ヨガアライアンスなどを受講してヨガインストラクターの資格を取得した後、日本ドッグヨーガ普及協会という団体と出会って、同協会に「ネコ部」を立ち上げ、「のび猫ストレッチ（ネコヨガ）」を考案した人である。『のび猫ストレッチ』（現代書林）の著書がある。

「猫のように好き嫌いをはっきり出せたら……。何事にも縛られない猫はいいなあ……。そんな思いの方も多いんじゃないでしょうか。猫のポーズを真似ることで、猫のようなしなやかな体とありのままの心を手に入れましょうというヨガなんです」と池迫さんは話す。殺処分に心を痛めたのが活動の原点。「保護猫活動を支援したい」ため、保護猫カフェなどを会場に、レッスンを重ねてきた。

LOVE & Co. の矢沢苑子さんに池迫さんを紹介された安村さんが、そのコンセプトに共感したのは言うまでもない。新刊ゾーンと古本ゾーンの間の格子戸を開放すれば、七人までなら体を伸ばせる。テーブルと椅子を運び出し、コルクマットを購入して床に敷き詰めて準備した。「毛づくろいのび」「つめとぎのび」「肉球みてみてのび」「あくびのび」「バニャニャのび」などのポーズのレッスンが、和気あいあいと行われたそうだ。

「目を開けると猫の本が見え、店員猫たちもいるおしゃれな空間との組み合わせが、新たなシナジー効果を生んだようです」（池迫さん）

参加者が女性ばかりなので、男性は参加しにくいのでは——。そう感じた安村さんが企画し、男性限定の猫ヨガも開いた。

イベントずいぶん盛況ですね、と言うと、安村さんはこう返した。

「イベントに連動して本が売れるのかというと、初めのうちはさほどでもなかった。イベントによって一〇〇〇円から二五〇〇円ほどの参加費を頂戴しますが、講師の先生方へのお礼が必要な場合もあるので、利益もさほど出ませんでした。でも、ギャラ不要で快く登壇してくださる方もいらっしゃる。イベントをきっかけに関連本に興味を持つようになるお客さんもいらっしゃるだろうから、こういう発信をしていくこともキャッツミャウブックスの文化だと思います。そりゃあ、うちで買ってもらえるのが理想ですが、他店で買われたとしても関連本のファンが増えるじゃないですか。いや、文化というより、文化の種まき。本屋をやらなかったら出会えなかった人と出会え、つながっていくのもうれしいですね」

「つながっていく」といえば、一月二六日のイベント「ねこの防災準備会～『ねことわたしの防災ハンドブック』を読む～」は、成り立ちそのものが「つながり」だったという。

それは、一章の「五〇歳を前にパラレルキャリアを～『もやもや』」のところに書いた、安村さんが猫本屋の企画を初めて話したビブリオバトル仲間で幻冬舎の編集者、前田香織さんが、元同僚の大野里枝子さんを連れて来たのが発端だ。店に入った大野さんが、

「あ、私が作った本がある」

と微笑んだ。新刊書コーナーの棚に並べていた『老猫《おいねこ》と歩けば。』（斉藤ユカ著、幻冬舎）が、大野さんが幻冬舎時代に企画編集を担当した本だったのだ。

「実は、その本を作られるとき、前田さんから『友だちが猫本を編んでいるので、アンケートに答えて』と頼まれて、協力していたんです」と安村さん。

老猫の暮らしぶりや飼い方についてのアンケートで、三郎のことについて答えたそうだ。「最期の瞬間までずっと楽しく、一緒にね。」と帯に書かれた〝老猫エッセイ〟である。平積みされていた『ねことわたしの防災ハンドブック』（ねこの防災を考える会著、ＰＡＲＣＯ出版）に目をやった大野さんが、「来週、この本の企画編集を担当した酒井ゆうさんと飲みに行くので、キャッツミャウブックスさんのことを紹介しておきますね」。

後日、大野さんが酒井さんを伴って来店した。「キャッツミャウブックスのことを話したら、興味を持たれたんですよ」と。

「その日、酒井さんとお話しさせてもらううち、ああ、この方にうちでトークをしてほしいと思ったんです。その場でお願いしたら、『いいですよ』と即答いただき、イベントが実現しました」

前田さんから大野さんへ、大野さんから酒井さんへとつながったことを『ご縁だな、と思います』と安村さんはしみじみと言う。

そもそも、この本が二〇一四年に刊行されたとき、安村さんは一読者として予約までして買っていた。店でも、よく売れる。発行後四年が経過しているにもかかわらず、イベントを告知するや否や一五人の定員が埋まった。

「どうして、こういう本を作ろうと思ったのですか」

「3・11の後、必要だと思ったからです。こういう本、あまり出てないので」

「出版社に企画を持ち込んで、すぐに通りましたか」

「いえ、最初は、売れないだろうと難色を示されました。しぶしぶ出してくれたんですが」

「ところが、猫を飼ってる人みんなに必要な本だから、とてもよく売れましたよね」

「後で、『いぬとわたしの防災ハンドブック』なんて本も出ました……」

こうして始まったトークを参加者たちは熱心に聞き、トーク後は「3・11の後、うちの子は押入れに隠れて出てこなくなった」「うちの子にはマイクロチップを埋めています」などと、被災や防災の体験を語り合う時間となったという。

上段／和やかな雰囲気の「ネコヨガ」
下段／『まいにち ねこ文具』刊行記念イベント

猫本ビブリオバトルに参加してみた①

一月二〇日、「第三回猫本ビブリオバトル」に参加した。同じ参加するなら、人生初バトラーになってみよう。何度も書くが、わたしは犬派だ。でも、漫画『傘寿まり子』（おざわゆき著、講談社）をたまたま読んだら、黒猫がキーとして登場し、面白かったので、これを発表しようと乗り込んだ。

参加者は、安村さん夫妻を含め一四人。テーブルを囲んだり、その後ろに並ぶ椅子に座ったり、古本中心ルームはかなりの密度だ。ワンドリンク付きなので、ビール片手の人もコーヒー片手の人もいる。わたしが飛び抜けて年嵩《としかさ》のようで、大半が二〇代から四〇代と見受けられる人たちだった。

進行はもちろん安村さんだ。五分間を使い切って本を語ってもらい、質問の時間を二、三分とる。そして、参加者全員が、その中で一番読みたくなった本に投票し、チャンプ本を決める。チャンプ本を取った人には、キャッツミャウブックスのドリンク券をプレゼントする。まず、そんなルール説明が行われ、発表者一〇人がじゃんけんをして、順番が決められた。五人で一ゲーム。二ゲームが行われるとのこと。わたしは二ゲーム目に出ることになった。

「ビブリオバトルはゆるくていいいんです。みなさんの緊張をほぐすために、ダメな例をぼくが一つやってみますね」と、まず安村さん自らバトラーとなる。

「この部屋に猫本が、古本だけでも一五〇〇冊あります。これだけあると、『あれ?』みたいなのもあり、今日はその中から一冊紹介します」と、『ネコとタケ』（小方宗次・柴田昌三著、岩波書店）という本を手にした。

「猫も竹も生きにくい世の中になった。公園を徘徊する猫は嫌われる。山を占拠する竹は邪魔者扱いされる。彼らは本来の生き方をしようとしているだけでも、人間との間に摩擦が生じてしまう。私たちは、彼らにふさわしい生き方を抑えつけているのではないだろうか。猫と竹を通して、現代社会において野生が抱えている問題を考える本、だそうです」とカバー袖に書かれた文章を読み上げ、前半は動物病院の先生が猫についての考察を語り、後半は打って変わって竹の研究者が竹のことを語っている本だと、結構な早口で説明する。

「この本、猫好きの人が読むと、なるほどと思うことが満載なんです」。海外の猫と比べて、日本の猫は腰椎《ようつい》が一、二本足りない子が多いらしいこと、尻尾も短くなってきていて、きゅっと鍵のように曲がっているのも、日本の猫特有なことらしい――と、店長猫の三郎がレントゲンを撮ったときのことを交えて話した後、「竹のことは、笹と竹がどう違うのかとか『ほう』と思ったんですが、全部忘れました」と笑いをとった。

「地域猫とかを嫌いな人は嫌いじゃないですか。猫は本来、外で生きていたのに、都会化が進んで嫌われるようになった。竹も、昔はわざわざ竹林をつくり、茎がしっかりしているから地震のときは逃げ込む大切な場所だったし、竹細工をする伝統もあったのに、今は竹が増えすぎて嫌われる。普通に生えていたのに、使い物にならなくなると邪魔者扱いされる。猫もかわいいかわいいと飼われてきても、不要になると邪魔者。そういった共通点があるんだよ、と無理やりくっつけた感があります。けど、そんな分裂した話で終わるのかと思いきや、猫の先生と竹の先生が座談会を始め、『野生の部分で、共存していきましょうよ』なんて意気投合しちゃうんです」

岩波書店の「現代日本生物誌」シリーズの一冊で、このシリーズには『カラスとネズミ』『ホタルとサケ』『イルカとウミガメ』などがあります、と締めたところで、ちょうど五分になった。

「というわけで、ダメな例でした」と安村さんが言う。

参加者から「うますぎる」「ハードル確実に高くなったよ」「めちゃ、引き上げられた」と笑いながらブーイングが入った。

その後、「編集者が本に出てきますか」「いつ出た本ですか」「猫は竹が好きなんですか」「猫派が竹派を啓蒙したということですか」と参加者から質問が出て、安村さんが立板に水のごとく回答し、曰く「ダメな例」が終わった。

まったく、どこが「ダメな例なんですか」とわたしも突っ込みたかったが、あれよあれよという間に第一ゲームに入った。駆け足で紹介すると……。

一人目（男性）が、『荒木経惟写真全集3　陽子』（平凡社）を手に、「アラーキーが二一歳の陽子さんと結婚して、一五年後に陽子さんががんで亡くなるまでの、悲しいんだけど愛の物語です」と案内し、「途中で猫のチロを飼い始め、三人家族になっていく」という話に熱がこもった。

二人目（男性）は、「世の中にはアナログすぎて笑える人がいまして、たとえば歌手の和田アキ子さんはＣＤを普通に開けられなくて、ケースを割っちゃうそうです」をツカミに、『ロスト・キャット―愛と絶望とＧＰＳの物語』（キャロライン・ポール著、グレッグ・ジェンカレッロ、明子・ジェンカレッツロ訳、ウエンディ・マクノートン絵、講談社）を紹介する。失踪猫を探す方法はアナログなのだそうだ。

三人目（女性）が『ヨーロッパを旅してしまった猫のはなし—２０００ＧＴ』（平松謙三著、スペースシャワーネットワーク）、四人目（男性）がライトノベル『猫物語（白）』（西尾維新著、講談社）を取り上げる。五人目（男性）は、「谷崎潤一郎と同じように、三角関係のお話なんです。フランス人の主人公は、新妻が嫉妬するほど猫を溺愛しているんですね」と話し始め、手には『牝猫《めすねこ》』（コレット著、工藤庸子訳、岩波書店）。「猫の描写が超エロティックですごい」と話した。「そこまで言うなら、エロティックな一文を挙げてみてくださいよ」と参加者が突っ込むと、待ってましたとばかり〈彼が明かりを消すと、牝猫は大切な友だちの胸をそっと踏みつけはじめた。踏みつけるごとに一本だけ爪をのばし、絹のパジャマをとおして、アランがはらはらしながらも快感をおぼえるように、たくみに肌に爪を立てるのだった〉と読み上げた。

バトルが終わって、チャンプ本に選ばれたのは『ロスト・キャット』だったが、発表者五人が五人とも上手くて、わたしは驚きっぱなしだった。どうも落ち着かない。出番が刻々と近づいているからだ。

猫本ビブリオバトルに参加してみた②

二ゲーム目が始まった。

一人目（男性）が紹介するのは、『ネコの大常識』（服部幸《ゆき》監修、ポプラ社）。レンゲの花を前に、きょとんとした猫がいる表紙に、タイトルが赤文字で書かれ、いかにも児童書然とした本だが、「実は大人向けの本です。みなさんが知っていそうで、知っていない猫の習性が書かれているんですね」と、まずすぱっと説明した。自分に「すりすりやって来る」ので慕ってくれていると思っていたが、単にマーキングしていただけと分かった――と、愛猫を例に、その本で知った猫の性質を面白おかしく語った。

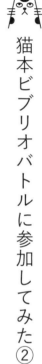

二人目（男性）は、『猫辞苑―現代「猫語」の基礎知識』（えびなみつる作、祥伝社）を手にした。

「広辞苑を使ったゲームがありますよね。広辞苑に掲載の言葉を一つ選んで、三つの解釈から、どれが正しいかを当てるゲームです。例えば、広辞苑で『ラブラブ』がどう載っていると思いますか？　ただ『仲がいい』。セクシュアルな意味まったくなしです。でも『高校生がいちゃつくこと』と示されたら、そうかと思うでしょう？　猫の言葉で、こういうゲームをできないかな、と思ってたんですが、この本でできるんじゃないかなと選びました。じゃあ、問題です（「え？　いきなり？」と参加者）。

『恋猫』。嘘の意味を二つ、本当の意味を一つ言いますから、考えてください。

一、死ぬ間際の猫。二、生まれたばかりの猫。三、発情期の猫。さあ、どれが正解でしょう？（「死ぬ間際もいいねえ」「ひっかけがあるんじゃない」などと参加者が口々に言い、これぞと思うものに挙手する）

正解は発情期です。猫を好きな人が聞いたら、生まれたばかりの猫じゃないかなって思いますでしょ。一一九〇円の本ですが、これでもう二分間盛り上がったんですよ。

二問目は、『灰猫』。一、灰色の猫。二、かまどに入り込み、灰だらけの猫。三、死ぬ間際の猫（参加者、ああでもないこうでもないとふたたび口々に言いながら、挙手）。

これは、灰色と、かまどに入り込み、灰だらけの猫。二つが正解です。

本を読んで感動というより、本を読んで盛り上がるということで、ゲームのネタを提供するという意味で、この本を選びました。皆さんがこの本を見て、掲載されている言葉の中から、僕に質問してくれたら、答えますよ、がオチ（笑）」

「初めてのパターンだ」「すごい大技を使ったね」と会場が笑いの渦に包まれた後、「正直言うと、僕、まだ何ページかしか読んでないんですが。はい」。また笑いが起きる。

「次の人、やりにくいだろうな。でも、やっていただきましょう」と安村さんが促す。

三人目は女性で、『猫がドアをノックする』（岡野薫《かおる》子《こ》著、草思社）を掲げ、「著者の岡野薫子先生は八八歳の児童文学の大家です」と案内し、「ドキュメンタリー形式で、野良猫が赤ちゃんを産んで、その猫がまた大きくなって赤ちゃんを産むお話なんです。猫の集会というのも出てきて……」と微に入り細に入り「猫の集会」について説明した。「私自身も勉強になりました」と結んだ後、安村さんが「この著者さん、本当に猫好きなんですよね。いっぱい著作がある中、うちには『猫には猫の生き方がある』を置いていますよ」と続けた。いくつかの質問に続いて、一人の若い男性が、「猫たちは集会でただまったりするだけじゃないんですね？ 今、人間も集会にいてもスマホ、スマホじゃないですか。なんか似てませんか。人間も猫化しているのかと思えてきました」と感想を述べたのが印象に残った。

さて、「次、四番目。井上さん」と安村さんが言う。いよいよ、わたしのビブリオバトルデビューだ。ところが、まずいことに、肝心の本を忘れて来ていた。『傘寿まり子』という漫画本です」と、スマホで検索した表紙画像を皆さんに見せて、話し始めた。

「わたし、犬派です。この頃、この店に来るようになってから、やっと猫も気になり始めましたが。しかも漫画が苦手で、字から読んだらいいか、絵から見たらいいのか、例えば手の絵がアップで出てくると、登場人物の誰の手か分からなくて、読めなくなってしまうほうなんです。

ところが、あるとき、この本のバナー広告が目にとまりました。『まり子さんは八〇歳の作家』と書いてあったから。佐藤愛子さんの『九十歳。何がめでたい』が面白かったし、自分ももうすぐ八〇歳だし（会場から「まだまだでしょ」の声。ありがとう）、それに黒猫の絵も目にとまって、買っちゃった。

四巻まで買ったんです。一巻目の表紙の絵は、黒猫ちゃんが傘寿まり子さんとは離れていますが、二巻目以降の表紙の絵は、まり子さんに抱かれていたり、くっついてるんです。ほほっと思って。

まり子さんは、一五年前に夫を亡くし、息子夫婦と、いわゆる『できちゃった結婚』した孫夫婦とその赤ちゃんと四世代で住んでいる。四〇年前は、高級ホテルに缶詰になって原稿書きました、みたいな超売れっ子作家だったんですが、今はエッセイの連載を一本だけ持っているという設定なのね。

あるとき、昔の女流作家仲間が死んじゃって、お葬式に行きました。実は、孤独死でした。その方も四世代で住んでたのに、自宅の自室で亡くなって、発見されなかったという孤独死。てなことを知って、あれこれ考えながらお家に帰りました。まり子さん夫婦が建てたお家なのに、建て替え計画が密かに進んでいて、『おばあちゃんに言ってなかった』ってことが分かって、絶望的な気持ちになって家出するんですよ。最初は高級ホテルに泊まるんですが、何日も泊まれないから、ネットカフェに行く。そのときに公園で黒猫に出会うんです。最初見たときは、ごみ？　みたいだったけど、捨て猫だった。そこから黒猫ちゃんとのお話が始まる」

これだけ話しただけで、もう五分が経過。言いたかったことの半分にも届かず、時間切れとなってしまった。すると、ありがたいことに、お一人がニヤニヤしながら「今の話は最初から何ページ分？」と聞いてくれた。

「一〇ページ（笑）。いや、一巻分かな」

笑いの渦が起きる。「続き、どうなるんですか」。これ幸いと、わたしはストーリーの続きを喋った。

「家出してから、急に恋愛して、男性と同棲しちゃうんですよ。ネットカフェで原稿書いて、どうしようかと思っていたら、大金持ちのじいさんとの出会いがあるわけ。しかも、その人が、自分のファンだと分かって、うれしいのなんのって。『あなたはもう一度小説を書くべきだ。取材旅行に行こう』って、高級車で河口湖かどこかに行くときに、じいさんおそらく九〇歳だから、高速を逆走してしまう（会場から、「ええーっ」との声）。じいさんとは離れ離れになったけど、まり子さんはまあなんとか無事。猫が待っていてくれたり、いろいろあるんですが、わたしが言いたかったのは、そのあと。孫の妻が迎えに来てくれて、まり子さんの話を聞いて、言うんです。『八〇歳で女の夢、かなえまくり』って。なので、若者側からも、ババアに近い側からも、猫側からも、読める本です」

初挑戦のわたしへのサービスだったのかもしれない。近くにいる人たちが、「わー」とか「えぇー?」とか、大きく反応してくれた。調子にのって一気にそう喋ってから、「みなさん、ごめんなさい」と思った。規定の五分で話し足りなかったことを質問の答えにかこつけて、付け加えたのだから。ずるいことをした。

五人目は、真澄さんだった。「薄給なので、ドリンク券欲しさに来ました」と笑いを誘ってから「これは猫漫画の名作と言われている珠玉のお話です」と、『長い長いさんぽ』（須藤真澄著、KADOKAWA／エンターブレイン）を取り出した。

「著者の須藤さん自身が飼ってるゆずちゃんという猫が死ぬところから始まるんです。私、悲しいお話は苦手なんですが、『これから猫を飼う人に伝えたい10のこと』の著者の仁尾さんが好きな本に挙げておられたので、気になって読んでみたんですね。最初は涙なしには読めないいんですが、途中で涙がぴたりと止まる。なぜなら、衝撃的な展開が広がっていたから……」

登場するのは、ゆずちゃんと、著者夫婦の三者だけなのに、ただ悲しいだけではなく、鋭い鑑識眼による壮絶な人間ドラマが詰まっていると話した。

質疑応答を入れても一人当たり七～八分だから、一ゲームは三〇分そこそこだ。まったく退屈しなかった。猫店員たちも耳を傾けていたのか、じっとしていて、邪魔しなかった。

わたしは、新聞や雑誌の書評との違いを考えながら聞いていた。書評を書くとき、その本の内容がある程度分かり、書き手がどう読んだかも分かり、そして読者の共感をある程度誘えることを念頭に置くが、ビブリオバトルも同じだ。しかし、ビブリオバトルは発表する文言を予《あらかじ》め原稿に書かない限り、推敲《すいこう》できず「その場勝負」である。わたしの場合は、文を書くときに考える起承転結か序破急かといった流れの組み立て方も頭から飛んだ。

目の前に、耳を傾ける人たちがいるのは面白い。それに、何より「その場」が古本エリアなのは面白いと思った。取り挙げる本が、発行年度の古いものも歓迎だから、聞く側としても興味の幅が広がる。類書も読みたいなと思えば、見つけられる。

「今紹介された五冊の本から、読みたいと思った本、決まりましたか。順に言いますので、挙手をお願いします。バトラーではなく、本に投票してくださいね」

と安村さんが言い、チャンプ本選びが始まる。

この第二ゲームで、わたしが紹介した『傘寿まり子』がチャンプ本に選ばれたのは、ビギナーズラックだろうが、やっぱりうれしかった。

と、自分のことばかり書いたが、この日、何より強く印象に残ったのは、安村さんが水を得た魚のようだったことだ。本、猫、ビブリオバトル。ここは、好きなことを仕事にした安村さんの「場」だと、改めてしっかりと感じた。

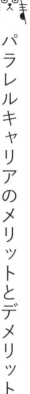

パラレルキャリアのメリットとデメリット

かつての安村さんのように、「いつか本屋さんをやりたい」と思う人は今も昔も少なくない。『ぼくは本屋のおやじさん』（早川義夫著）が、晶文社の「就職しないで生きるには」シリーズの一冊目として出版されたのは一九八二年で、この本はちくま文庫となり、読み継がれている。近年では『わたしの小さな古本屋』（田中美穂著、洋泉社文庫）、『西荻窪の古本屋さん―音羽館の日々と仕事』（広瀬洋一著、本の雑誌社）、『古本屋になろう！』（澄田喜広著、青弓社）、『まちの本屋』（田口幹人著、ポプラ社）、それに二章にも触れた『本屋、はじめました』（辻山良雄著、苦楽堂）など出版が相次ぐ〝本屋さん本〟にヒントを求める向きも多いようだ。本書がその末席に連なることになれば幸いだが、安村さんが他の本屋さんと異なるのは「パラレルキャリア」であることだろう。

二〇一七年一一月、根津（台東区）のHOTEL GRAPHY NEZUで「Dive in books！」というイベントが二日にわたって開かれた。「来場者には本を手に取る入り口に、出店側の方には本屋の入り口に、本屋になりたい方にはなりたい気持ちの後押しを」というイベント。ネット及びリアルの個人書店約二〇軒が出店し、さまざまなジャンルの新刊、古本を並べての販売のほか、本屋の働き方についてのトークイベントも行われたが、そのうちの一つ「『今のしごと』に『本のしごと』をのせていく」というタイトルの鼎談《ていだん》に、安村さんは呼ばれた。

運営事務局の佐藤彩子さんは、「働き方が多様化する中、メインの収入源に加えて本屋をやりたいという方が結構いらっしゃるのではと思い、このトークを企画しました」とイベント冒頭で話した。

他に登壇者は、安村さんが本屋開業計画以前に受講した「本屋入門」講座も主催した赤坂の「双子のライオン堂」店主の竹田信弥《しんや》さん、同講座を共催した『東京　わざわざ行きたい街の本屋さん』（ジー・ビー）の著者でBOOKSHOP LOVERこと和氣正幸《わきまさゆき》さん。佐藤さんの「本屋もしくは本に関わる仕事をしようと思ったきっかけは？　一週間のスケジュールは？」などの問いに三人が答えていく形で進められた。聴講者は二〇人ほど。三〇代、四〇代と見受けられる女性が圧倒的に多かった。

竹田さんが「週に三日バイトに行き、実家の仕事も手伝っています。本屋をするために他の仕事を足さざるを得ないから」とニコニコと話し、会場がかすかにどよめいた後、「ぼくも会社員もやっていますから、ノーホリデーですね。昨夜も棚を整理し始めたら、キリなくやっちゃって、今日はほぼオール（徹夜）で来ています」と安村さんが発言する。佐藤さんの「お二人とも、きつすぎませんか？」に、竹田さんは「もう四、五年、この生活ですが、意外と大丈夫ですよ」。安村さんも「気の張りが体調管理につながっているみたいです」と余裕っぽさをのぞかせた。

「ただ生活の糧《かて》を得るだけの働き方ではなく、『こうありたい、こう生きたい』という生き方を含んだ働き方を選んで、両立させているからですよね」と佐藤さんが水を向ける。

実は、竹田さんは自ら執筆もし、文芸誌も定期刊行している。「うちの本屋が一〇〇年続いて、『リアルの本屋っていいよね』という気持ちが（世の人に）残る本屋を目指しています」と言うのに、安村さんは共感の面持ちを向けながらも「本屋一本でされている方からするとチャラいと思われるかもしれませんが、売上を見てへこむ日もあるし、棚には借金が並んでいるようなものなので、『こうありたい』はこれからです。でも、少しずつ近づいていっている感覚はあります」と続けた。

「こういうトークでは、いつか自分も本屋を開きたいと思っている人に、こんなぼくでもなんとか店主になれたのだから、思いを叶えられますよと言いたい気持ちと、非常に厳しいですよと言いたい気持ちとが相反するんですが、両方を伝えることにしています」と、安村さんはあとで話してくれた。

このとき、安村さんは本書に記した〝開業物語〟のダイジェストを語ったが、わたしが驚いたのは、会場から「人生のタームとの関係は？」「ネットの広報ツールの選び方は？」「今、出店に望ましい地域は？」などと具体的な質問がひっきりなしに寄せられ、仕事を持ちながら本屋開業を本気で考えているだろう人たちが熱かったことだ。

ちなみに、登壇者の一人、和氣さんは「新刊書店をやりたいと試算したこともあった」と言った。資金不足から断念したが、三、四年前から小さな本屋さんが増えてきた中、「新規開店の本屋さん情報を発信するポジションも必要だ」とネットで本屋紹介を続けている人だ。

一章にも書いたが、安村さんは「複業」ではなく「パラレルキャリア」という言葉を使う。「両方の仕事が、精神的な意味を含めて互いに補完しあっていて、主従がない」ニュアンスだからと言っていた。そのメリットについてもう少し聞きたい。

「会社員を続けていることで、本屋をすることを楽しめていると思います。本屋一本でいくなら、もっと数字にシビアになって、自分の本意じゃない売り方や店作りも考えざるを得なかったんじゃないでしょうか。とすると、精神的にもきつかっただろうと思います」

つまり、会社員としての収入を本屋運営費の補完に回せることが、やはりパラレルキャリアの一番のメリットということですか——と、単刀直入な質問を投げると、安村さんは顔をしかめた。そして、少し考え込んでからこう続けた。

「いや、違う。ぼく自身の承認欲求が満たされたことが一番大きいです」

承認欲求って、他人から認められたい、あるいは自分に満足したいという感情のことですよね？

「働くということは、収入を得るだけでなく、いやそれ以上に、社会における自分の居場所を得ることだと確信しています。結婚してすぐに、訳あって札幌に移り住んだとき、ぼくは無職で『職場・仕事は自分の居場所だったんだ』と痛感したから。その後東京に戻って、一五年前、今の会社に既存の業務プロセス改善をタスクとして入社しました。当時、会社には、こなすのに何日もかかり、皆が『パパパッと終わらせるソフトができないか』と切実だった作業がいくつもあったのですが、ぼくがプログラミングしたソフトによって作業処理のスピード効率が上がって、すごく喜ばれたんです。それで、ぼくの承認欲求は密かに満たされたけど、社内でのポジションが上がるにともない大局的な業務を任されるようになり、目に見える現場の業務から遠ざかって、欲求不満になりつつありました。ところが、キャッツミャウブックスを始めると、お客さんから『こういう店が欲しかったんだ。できてうれしい』と喜んでもらえた。新たな居場所ができて、承認欲求が満たされたんですね」

一気にそう語ってから、「考えてみると、本屋で精神的に満たされることによって、それほど楽しくない会社の仕事もすっきりとこなせていますよ」とゆっくりと笑った。もっとも、会社での仕事のやり方や人間関係は、それまでの「安村方式」の蓄積があってこそだ。

「だらだらと仕事をしない」「残業をしない」「無駄に飲みに行かない」を徹底してきた。そのような働き方に部下らも共感し、今は安村さんがマネージャーを務める部署全体が「安村方式」と言って過言ではないという。社内でいわば「働き方改革」を達成してからのパラレルキャリアスタートだったのである。安村さんの勤める会社には、副業禁止の就業規則はないので、上司にも同僚、部下にも、本屋の開業を伝えなかった。パラレルキャリアとなってからも残業はしない。やむを得ないときは早朝出勤して、無理なく残務をこなしているという。

「どなたにもおすすめできるわけではないでしょうが、これからはぼくのような考え方の人が増えてくるのではないでしょうか」

「無駄」も大いに含む人間関係を頼りに、だらだらとライター仕事を続けてきて、いっぱいいっぱいのわたしには別世界だが、筋が通っている。真摯に耳を傾けなければならない。

ところで、パラレルキャリアのデメリットは？　と訊いてみた。

「平日の本屋さんイベントに行けないことですね。それ以外は特に思い当たらない」

安村さんはきっぱりと言った。

売上と損益、公開します

収支を教えてほしいと頼むと、安村さんは「通知表を見せるようで、お恥ずかしい限りですが」と躊躇しながらも、明かしてくれた。

二章の末尾に記したように、自宅兼店舗の購入となったため、施設に関わる費用を除く二〇一七年の一年間の支出額（初期費用と運営費用）の合計は左ページのとおりだ。

売上と損益については、オープン直後の二〇一七年九月と、この原稿の締め切り直近で

1年間の支出額(2017年)

勘定項目	内容	金額
期首商品棚卸高	オープン日までの古本仕入れ高	180,642
仕入高	年間の新刊仕入れ高+オープン日以降の古本仕入れ高	3,197,441
荷造運賃	自宅及び本保管室からの宅配便代	51,019
水道光熱費	工事中も含む	94,281
通信費	インターネット、電話、郵便代	73,205
広告宣伝費	ロゴ・イラスト・ブックカバーのデザイン、ウェブサイト制作費用など	65,329
交際費	オープン前パーティーのケータリング代など	66,897
修繕費	猫の医療費を含む	703,403
消耗品費	保護猫譲渡費、レジ袋、冷蔵庫、椅子など	2,410,774
減価償却費	テーブル、エアコン、ベンチ、看板など	52,254
地代家賃	本保管室の賃料	674,592
支払手数料	振込手数料、セキュリティ費、イベントゲスト謝礼など	190,818
合計(円)		7,760,655

ある二〇一八年三月の数字をオープンにしてもらった(二三四~二三五ページ)。

〈一日の売上集計〉に示す二〇一八年一月二一日は、オープン以来最大の売上を記録した日だそうだ。『月刊　建築知識』ねこ特集号の発売記念イベント「ねこのための家をつくる!」を開催したため、同誌の購入も多かったという。

「毎日、この日ほどの売上が出ればいいんですが、とてもとても。平均すると、平日が二万円台、土日が良くて六万円台というのがずっと続いています」

収入金額計が二〇一七年九月に十三万七五五円だったのに対し、二〇一八年三月は九二万九四一三円と約二七%増加。売上

1日の売上集計（2018年1月21日）

種別	売上金額	税抜金額	消費税	原価	構成比	販売点数
新刊	57,807	53,530	4,277	40,465	63.7％	40
イベント	12,000	11,112	888	600	13.2％	12
古本	10,050	9,311	739	5,133	11.1％	19
ドリンク	6,496	6,019	477	2,413	7.2％	21
雑貨	3,939	3,649	290	2,869	4.4％	4
リトルプレス	400	371	29	240	0.4％	1
合計（円）	90,692	83,992	6,700	51,720	100.0％	97

オープン直後1か月（無休）の売上集計（2017年9月）

種別	売上金額	税抜金額	消費税	原価	構成比	販売点数
新刊	305,028	282,453	22,575	213,520	41.7％	226
古本	209,650	194,225	15,425	96,866	28.7％	393
ドリンク	142,600	132,103	10,497	50,111	19.5％	404
洋書	29,353	27,187	2,166	21,535	4.0％	19
雑貨	28,992	26,857	2,135	5,150	4.0％	77
リトルプレス	9,300	8,613	687	480	1.3％	19
CD	5,832	5,400	432	4,081	0.8％	3
合計（円）	730,755	676,838	53,917	391,743	100.0％	1,141

オープン半年後1か月（火曜定休）の売上集計（2018年3月）

種別	売上金額	税抜金額	消費税	原価	構成比	販売点数
新刊	565,781	523,921	41,860	396,047	63.3％	464
古本	122,550	113,536	9,014	60,591	13.7％	225
ドリンク	100,310	92,938	7,372	35,932	11.2％	320
雑貨	42,586	39,445	3,141	18,683	4.8％	70
イベント	28,900	26,761	2,139	600	3.3％	23
洋書	23,094	21,387	1,707	15,823	2.6％	13
リトルプレス	7,228	6,693	535	968	0.8％	14
CD	2,880	2,667	213	2,016	0.3％	1
合計（円）	893,329	827,348	65,981	530,660	100.0％	1,130

損益計算書		2017年9月	2018年3月
収入金額	売上高	755,355	917,373
	売上値引高	-24,600	-24,044
	雑収入	0	36,084
	収入金額 計	730,755	929,413
売上原価	仕入高 計	483,152	434,077
売上総利益		247,603	495,336
経費	水道光熱費	4,442	15,080
	通信費	6,399	6,039
	広告宣伝費	0	2,000
	修繕費	78,786	45,792
	消耗品費	76,847	74,061
	地代家賃※	56,216	56,216
	支払手数料	6,600	3,577
	新聞図書費	3,775	3,775
	経費 計	233,065	206,540
営業損益(円)		14,538	288,796

※本保管室の賃料として

総利益が、二四万七六〇三円から四九万五三三六円へと倍増している。稼働日数で割ると、一日平均の収入は、九月が約二万四〇〇〇円、三月は約三万四〇〇〇円ということになる。

経費を引いた営業損益が、二〇一七年九月に一万四五三八円だったというのは相当の厳しさと思えるが、二〇一八年三月に二八万八七九六円と跳ね上がった。当初三〇万八〇五〇円と見積もった「最低目標」に、あと一歩で届くところまできているわけだ。この状況をどう見るか。先行の本屋さんに聞いてみる。

「うちが八年前にオープンした頃より、はるかにいい」

と讃えるのは、オカルト、幻想、文学、美術などの分野に特化した「ジャングルブックス」（雑司が谷）を夫と切り盛りする田波有希《たなみゆき》さんだ。オープン六か月で営業損益約二九万円となったことを「ネット販売をせずにこの数字が出ているのは驚きだ」と言う。

「男性は同じ作家のシリーズを全巻コンプリートするような集め方をするのに対し、女性は作家ではなくジャンルでモノを買い集めると、近頃分かってきたんです。キャッツミャウブックスのお客さんに女性が多いなら、ジャンル買いの層と符合したのでは」

キャッツミャウブックスが「本×猫」なら、ジャングルブックスは「本×占い」。プロの占い師である有希さんが、店内でタロット占いも行っている。一〇年余り前、不忍《しのばず》ブックストリートという「一箱古本市」のイベントに占いの店を出店すると長蛇の列となり、「本と占いは相性がいい」と思ったことから、本屋に占いをくっつけたのだが、本を買いに来るお客さんばかりか占いの依頼も年々増えた。マスコミからの注目度も上がり、二〇一八年六月には、タナミユキの筆名で『来れば？ ねこ占い屋』（今井雅子共著、吉田戦車＝絵、小学館）という本も出す。

「本好きは猫好きが多い気がします。いずれにしても、個人のお店は自分の好みで振り切ってしまったほうが絶対いいと私は思っています」と有希さんが言った――と安村さんに

伝えると、

「そうですね、『猫本専門』というコンセプトがブレないように、それでいて、その範囲内でいかに遊ぶか――制限がある中で工夫することが、むしろ店を飽きずに続ける秘訣になるかも、と思っています。確かに、当店のお客さんは著者の知名度よりもタイトルで買う本を選ばれている印象がありますね。そういう層に〝意外な猫本〟を提案し続けられれば、ぼくも含め全員がずっと楽しいかなと。まだまだ猫好きで本好きのすべての人に当店のことを知っていただいているわけではないので、この路線を突き詰めていくことがそういった方々に訴求する近道だと信じています」

わたしの肌感覚でも、二〇一八年春から、まとめ買いするお客さんがめっきり増えた感がある。

これからの本屋さん

知る人ぞ知る存在から、猫好きな人にも本好きな人にも知られる存在へ――。オープンして九か月が経ち、キャッツミャウブックスは、変貌を遂げつつある。

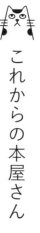

つい先日、訪ねると、「このブックカバーが欲しくて来ました」という女性が、オリジナルイラストとロゴがちりばめられたカバーに包まれた、買った本を大切そうに手にしていた。

「キャッツミャウブックス・ブランドが少しずつ認知されてきたようで、うれしいです」と、安村さんが見せる笑顔を、先述したカメラマンの新藤さんよろしく「本物の笑顔だ」と思った。キャッツミャウブックスの計画の初期段階に、早々と安村さんはナカムラクニオさんにイラストロゴを描いてくれるように依頼した。「イラストロゴで店のイメージを固めよう」と考えたからだったが、仕上がって来るや否や、そのイラストロゴを使って名刺やブックカバーや包装紙を作った。ドリンク券にもレシートにも、看板にも入れた。先述したように商標登録も済ませた。

ビジュアルをさして気にしないわたしですら、キャッツミャウブックスに通ううち、「キャッツミャウブックスといえば、あのイラストロゴ」といった感覚になった。

「キャッツミャウブックス・ブランドで、いずれ外へも出ていきたいんです」

他店から猫本の選書を頼まれる。猫本について語ってくれるよう依頼を受ける――。猫本の専門家として、外に向かって歩める日を密かに待っているのだという。

「ナカムラクニオさんがおっしゃる『カステラの法則』を信じて、こうして臆面もなく願望を言っちゃいました」

カステラを食べたい、食べたいと言っていると、カステラのほうから近づいてくる――というのが、「カステラの法則」だ。むろん、その土台になる店が順調に回ってこそである。

安村さんから「古本屋を始めたつもりはなく、開いたのは『本屋』です」と尖った発言を聞いたのは、オープン間もない頃だったが、売上ベースでは古本中心から新刊書中心へのシフトを終えた。「為せば成る」を見せてくれた。

この勢いが続くと、「売れないけど、矜持として置いておかなければならない本」と口すっぱく言っていた猫の文化史や博物誌、あるいはひと癖ある猫本も売れるようになる日も近いのではないかと思えます――と言うと、安村さんは、「猫族の時代が来ていますからね」と煙《けむ》に巻いた。

猫は、媚《こ》びない。
猫は、他人(猫)と比べない。
猫は、我が道をいく。
猫は、孤独を愛する。
猫は、自分の感性を信じる。
猫は、ポジティブ思考。
猫は、群れない。
猫は、名誉なんて気にしない。
猫は、まったり日向ぼっこすることに罪悪感を感じない。

これは、ナカムラクニオ著『猫思考』(ホーム社)の一部受け売りだが、〝猫的〟な生き方は堂々たるものだ。安村さんは、キャッツミャウブックスの常連たちを〝猫的〟だと言う。

一人客が多く、じっと本棚を眺め、自分好みの本を静かに探す。猫店員が寄って来たら、仲良くする。他人の物差しではなく自分の物差しを大切にするタイプとくれようか。

そういえば、やはり先日キャッツミャウブックスで袖すり合った、わたしと同世代らしき女性と話し込むうち、彼女が「猫に何々をしてあげている、と思うのは人間の傲慢だと思うのね。ただ一緒にいるだけで、『もらう』ことがいっぱいだから」と訥々《とつとつ》と語ったことも記憶に新しい。わたしの頭の中では、「猫が本屋を助け、本屋が猫を助ける、という店です」という安村さんの言葉にも重なる。

二〇一八年五月のある日、キャッツミャウブックスに行くために三軒茶屋駅で東急世田谷線に乗ろうとしたら、猫のイラストがペインティングされた車両が停まっていて、思わず微笑んだ。車内に入れば、つり革も招き猫型、床には猫の足跡の絵が描かれている。世田谷線の前身、玉川線の開通一一〇周年を記念して二〇一七年九月から一編成だけ運行されている、その名も「幸福の招き猫電車」というらしい。

「招き猫発祥の地といわれている、沿線の豪徳寺の招き猫のデザインを車体にラッピングしました」と、駅員さん。

「ぜんぜん予想していませんでしたが、おかげで世田谷線との親和性が高まったかもしれませんね」と安村さんはにんまりした。

親和性といえば、キャッツミャウブックスはいつしか周辺の町並みの中の密かなランドマークになった感じがするが、「大歓迎しているんですよ」と言う人がいた。

キャッツミャウブックスから歩いて二、三分のところにある一九六〇年建築の自宅の庭に小さな平屋を建て、〃懐かしい本と雑貨〃の店「修平庵」を設けている吉野修平さんだ。本業はグラフィックデザイナー。もとより「昭和」の生活感が好きで、豪邸や蔵を取り壊す人たちから譲り受けるなどしてコレクションしていた古道具や雑貨、古本を「修平庵」で展示販売している。普段は門を閉めていて、予約を受けた時間だけ開ける。キャッツミャウブックスより一足早く、二〇一七年の二月に実店舗をオープンした。

「〃懐かし話〃しに来ませんか?――という店なので、大勢来られたら困るんですが、うちに来た人がキャッツミャウブックスに、キャッツミャウブックスに来た人がうちに来るといった人の流れができていけばいいですね」

先にも書いたように、世田谷線で二駅先の松陰神社前には、ここ七、八年でカフェや雑貨店などが増え、賑わいを見せている。その中にある装丁に凝った本が並ぶ古書店「nostos books」店長の石井利佳《りか》さんも言う。

「散策に来る人が増えましたが、松陰神社前をぶらぶら歩いても半日くらいなんです。キャッツミャウブックスさんをはじめ世田谷線沿線に足を延ばすと、あと二時間は楽しめます。沿線を周遊して広域に散策できるエリアに変わっていってほしい」

図らずもキャッツミャウブックスは、町を広がらせていく役目も担いつつある。行政や大規模な資本投下などによる「大きな面」の町づくりとは異なり、まるで猫集会のように、個性的な店が自らの意思で点々と集まってくる。その「点」がいつしか網目のようにつながって、町の賑わいが広がっていく。世田谷線沿線の今後が楽しみだ。

そして、キャッツミャウブックスは、本の作り手と読者という「点と点」をつなぐ役割も担いつつある。大手の本屋さんでは出合えない猫の本がありそうだ、ベストセラーだけでなくもっと違う猫の本もあるに違いない――わたしたちが期待する、そんな本とのリアルな出合いを叶える場としての歩みが始まっている。

Cat's Meow Books店主
おすすめ猫本コラム❶

「これから猫を飼う人に伝えたい10のこと」

仁尾 智 著／小泉さよ イラスト（私家版）

猫本専門書店の先輩である神保町にゃんこ堂さんの店内でこの本と出逢ったとき、イラストレーターの小泉さよさんによる表紙の猫から、郷ひろみの代表曲「2億4千万の瞳」のごとく、視線のレイザービームが放たれていました。歌人の仁尾智さんによるエッセイも、「これから猫を飼う人」だけでなく「既に猫を飼っている人」や「かつて猫を飼っていた人」をもクスリ＆ホロリとさせる。何度も読み返したくなる〝読むドラッグ〟のような本でした。その場で買い求め、イヌ派にもウサギ派にも配りまくり、読んだ人はみんな猫のことを好きになってくれました。

まだ取次会社との契約や直接取引の目処《めど》など何も立っていなかったのですが、オープンする時にはこの本を必ず並べたかった。

しかし、取引をどうお願いすればいいか迷いました。「歌人ってエキセントリックな人が多そうで怖い…」「某芸術大学の大学院まで出たイラストレーターって浮世離れしているんじゃないかな…」という、〝読むドラッグ〟の著者に対する「ダメ。ゼッタイ。」な思い込みもちょっとあって。

すると、当店についてのクラウドファンディングの記事をご覧になった売人、もとい仁尾さんご本人から直接、当店での販売依頼を頂戴しました。しかも、オープンしたら小泉さんも連れてきてくださると。その後、当店初のトークイベントのゲストとして小泉さんと共に登壇してくださったり、ショップカードに載せる歌とデザインをおふたりで担当してくださったりと、当店とは切っても切れない存在になっています。さらにこの本の内容は、パネルにして常設展示もしています。

この本はオープンから半年で、100冊以上お客様の手に渡りました。手頃な値段かつ他の書店ではあまり見かけない私家版ということもあり、お土産としても喜ばれているようです。レジ前に置かれたこの本は、今日も視線のレイザービームを発しています。

Cat's Meow Books店主
おすすめ猫本コラム❷

「めがねこ」

柴田ケイコ 著（手紙社）

本屋を始めるくらいなので、もちろん本のことは大好きだし、それなりの冊数は読んできましたが、絵本についてはとんと分からないんです。なにしろ個人的に収集している本が死体や自殺に関するものばかりで、大学ではマルクス経済学のゼミに所属していたにもかかわらず、卒論のテーマを「自殺率に見る日本社会の歪み」にしたほど。

そんな男が絵本に詳しいわけもなく、「これが〝無知の知〟だ、このジャンルには手を出すまい、それが礼儀だ」などと自分のドッペルゲンガーに言い訳をしていましたが、「これからの本屋講座」の卒業生やスタッフ、講師の内沼晋太郎さんと共に巡った倉敷・広島への本屋視察ツアーで訪れたREADAN DEATさんで出会ってしまったのがこの『めがねこ』。

10回クイズのように繰り返し言いたくなるタイトル、自分と同じくメガネをかけたオッサンのネコの表紙、全編にわたるビビッドな色づかい。どれを取っても「わしも絵本を売るんじゃあ」と、興奮すると方言が出てしまう自分へ言わせるのには充分なインパクトでした。

東京に戻り、発行している手紙社さんにどうやって連絡しようか悶々としていたところ、作者の柴田ケイコさんが調布《ちょうふ》市の手紙舎 2nd STORY にてサイン会を開くとの情報を入手（全くの余談だが、店舗候補だった物件を柴崎まで見に行った際に偶然この店を見つけており、ストーカーの論理よろしく運命を感じている）。当日、シャレオツなカフェに場違いなオッサンがドキドキしながら柴田さんの登場を待っていると、手紙社の『めがねこ』の担当者さんから先に声をかけられました。なんと三軒茶屋に当店ができるらしいということを既にご存知で、仕入れの話もトントン拍子に進んで。柴田さんからは手描きの「めがねこ」イラスト付きサイン本もいただき（その後、戌《いぬ》年の正月にはイヌのイラストの年賀状までいただき）、Cat's Meow Booksオープン当時の取材では常にオススメ本として挙げる1冊となりました。

そのサイン本はサンプルとして今でも店頭にあります。多くのお客様に手に取っていただいたのでかなりボロボロにはなっていますが、変わらず鮮やかな黄色の表紙は、視野が狭くなりがちな自分を戒め、巡りあわせの幸せと開店前の初心を思い出させてくれます。

Cat's Meow Books店主
おすすめ猫本コラム❸

「猫の古典文学誌
—鈴の音が聞こえる」

田中貴子 著（講談社学術文庫）

「猫本って、こんなにたくさんあるんですね」
　お客様からよく頂戴する言葉です。“猫本”というと絵本や写真集、飼い方ガイドを思い浮かべる方が多いからでしょうか。自分はこの本屋でずっと「カワイイだけが猫本じゃない」ことをアピールしようと思ってきました。たとえば開業前、腕試しに八戸《はちのへ》ブックセンターの「わたしの本棚」という選書企画に応募して採用されたのは次のようなラインナップです。
『ヒトラーはなぜ猫が嫌いだったのか』（コアマガジン）
『村上春樹とネコの話』（彩流社）
『捕食動物写真集』（新紀元社）

『エピジェネティクス入門─三毛猫の模様はどう決まるのか』（岩波書店）
『猫の町』（群像社）
『猫の伝説116話─家を出ていった猫は、なぜ、二度と帰ってこないのだろうか？』（新泉社）
『猫怪談』（竹書房）
『猫の音楽─半音階的幻想曲』（勁草書房）
『のら犬・のら猫』（国書刊行会）
『猫の大虐殺』（岩波書店）

う〜む、こんなテイストでオープンして、果たしてお客様は本を買ってくださるだろうか……。

そんな不安を払拭《ふっしょく》してくれたのが『猫の古典文学誌』でした。実はこの本、「講談社学術文庫」というアカデミックなシリーズにあるので、最初は1冊だけ棚差しにして様子を見るつもりでした。しかし、著者で国文学者の田中貴子教授が当店のコンセプトに賛同し、なんとサインや手づくりPOP、特製のしおりまで付けて何冊か送ってきてくださったのです。それをレジ前に重ねて置くと、サイン本であることを知らない方も次々と買って行かれました。「いい本をわかりやすく並べればお客様は手に取ってくださる」という当たり前のことを、この本は教えてくれたのです。

よ〜し、自信を持って、カワイイ猫本の横に「こんな猫本もあるよ！」「こんな本にも猫が出てくるよ！」という自分の〝想い〟を並べよう。本当は全ての表紙が見えるように並べたいけれど、店内が狭いのでそこはグッと我慢して、背表紙の並びを見ただけでも楽しめる棚にしよう。「ああ、これは店主の趣味なんだなあ」とほくそ笑みながら、その本を手に取ってもらえると嬉しいです。

店主あとがき

二〇一七年六月一四日、ホーム社の文芸図書編集部に呼ばれた私は、店がオープンするまでの話を書いてみないかと打診されました。その時、もし調子に乗って引き受けていたら、超多忙のなか、発狂・発病・発芽（発毛ならラッキーですが）、とにかく何かがこの身に発生していたに違いありません。

この本では、井上理津子さんの目を通すことで、自分では気づいていなかったこと、自分なら書かなかったこと、自分も知らなかったことがつまびらかにされていて、一読者として素直に楽しんでしまいました。当時はまだ開業もしていない、得体の知れない男の本屋について、執筆を快諾していただき感謝しています。

私事ながら自分たちには子どもがいません。歴史に名を残すような大発明も大発見もする可能性はないので、この世に生きてきた証は何も示せないかと思っていました。しかしこれで、国立国会図書館法が続く限り、私が死んでも索引の中に名前だけは残るでしょう。私の生の証をつくっていただいた編集者の高梨佳苗さんに、改めて謝意を表します。

私の願いは、再び町に本屋が増えていくことです。先輩方が書かれた「本屋の本」は、既にたくさん出版されています。私に書店や取次会社や出版社に勤めた経験はありません。業界で何の修業もしていない中年のオッサンでも、夢とちょっとした背中への一押しがあれば（自分で押しても可）、本屋は始められるということ。それが少しでも伝わっていれば嬉しいです。私の想いを支えてくださっているのは、ご来店いただいたお客様はもちろんのこと、クラウドファンディングでご支援くださった方々、ＳＮＳでフォローしていただいている方々、そして、この本を手に取ってくださった方々です。皆さまに厚く御礼申し上げます。「夢の本屋」は誰の心の中にもあるはずです。あわよくば、うっかり、運命のいたずらで、皆さんもその本屋を始めることになりますように。

当初、私の「夢の本屋」は土日だけ貸店舗で営業するつもりでした。家族を巻き込むつもりはなかったのです。それが今では、巻き込むどころか、いなかったら店そのものが成り立たなくなっています。キャッツミャウブックスのコンセプトを全て理解し、文句も言わず黙って付いてきてくれている妻の真澄へ最後に最敬礼。ありがとうございます!!

（謝辞ばかりの「あとがき」ってつまんないと思っていたのに書かずにおれなかった）

二〇一八年六月

Cat's Meow Books 店主（ニンゲン）安村正也

著者あとがき

本屋をやりたいと思いついて、一年半で店舗を持った。それから一年を待たずして、軌道に乗せた――。

「よくぞ、ここまで」と、この場を借りて、まず、安村さんに心から拍手を送りたい。

オープン前に行ったとき、当たり前だが棚に本はなく、猫の気配もなかったことを思い出す。店舗を手に入れるにも、多大な労力を要したが、安村さんは直感とタイミングを逃さなかった。オープン後も、そうやすやすと進まない中、創意工夫を重ねた。

当初、「無休営業」する安村さんに「必死すぎる」と思ったものだが、かといって「本を買って」の心情を態度に出さず、涼しい顔で店に立つ様子に、「無理しちゃって」と密かにハラハラした。しかし、今、思うのは、当の安村さんこそハラハラのしどおしだったであろうことだ。会社員というもう一つの立ち位置があるため、そのハラハラを別の角度から楽しんでいたのかもしれない、とも。

人にモノを買ってもらうのは、力が要ることである。ましてや本は、人それぞれの「欲しい」「要らない」の価値観が計り知れないモノの代表だろう。試行錯誤を繰り返しながら、安村さんは古本と新刊書を仕入れる。「この本をうちに置きたい」という想いが反映されてセレクトされた本が、猫たちが行き交う棚に、独自の「物語」を作りながら並べられる。安村さんが選んだのは、利益のみを優先しない、本への慈しみと猫への愛を重視する働き方なのだと思う。そんな働き方への共感もあって、「キャッツミャウブックスで本を買おう」と思う人たちが増えてきたのではないだろうか。

「いろんな形の本屋があっていい。新形態も大いに歓迎」と言ったのは、開業して四〇年近い本屋さんだ。本文にも書いたが、わたしの知る限り、互いをライバルではなく「同志」とみなす業界のようだ。本屋の先輩のみなさん、キャッツミャウブックスを見守ってください。

保護猫活動をする人からは「キャッツミャウブックスをきっかけに、保護猫に関心を向けてもらえたら」という声を聞いた。わたしもそう願う。

本書が、新しい本屋の一つの形をつくった安村さんに迫れたかどうかは心許ないが、「この本屋さん、面白そうだ」と思う人が増えることを期待しつつ、ペンを置く。編集の高梨佳苗さん、安村正也さん・真澄さん、そして取材やコメントにご協力くださった皆さん、ありがとうございました。

二〇一八年六月　　井上理津子

ブックデザイン　望月昭秀＋境田真奈美（NILSON）
カバー写真　杉能信介
口絵・本文写真　新藤祐一（口絵P1上段・P2下段・P4下段、本文P13、51、71、116、141、153）
スガタカシ（口絵P2中段右、本文P148、207）
杉能信介（口絵P1下段・P2中段左・P3上段・P4上段、本文P1、109、189）
安村正也（上記以外）

取材協力　竹田信弥（双子のライオン堂）
和氣正幸（BOOKSHOP LOVER）
内沼晋太郎（本屋B＆B/NUMABOOKS）
東えりか（書評家）
ナカムラクニオ（6次元）
平賀めぐみ・山田笑子（リビタ）
矢沢苑子（LOVE & Co.）
前田香織
伊藤康行・山川紋（ショセット建築設計室）
坂上友紀（本は人生のおやつです!!）
徳永有可（ネコリパブリック）
小山力也（古本屋ツアー・イン・ジャパン）
岡崎武志（古本ライター）
新藤祐一
池迫美香（ヨガインストラクター）
大野里枝子
佐藤彩子
田波有希（ジャングルブックス）
吉野修平（修平庵）
石井利佳（nostos books）
天野智行（古書コンコ堂）
澄田喜広（古本よみた屋）
堀内出（すずらん堂）
スガタカシ

安村真澄

Profile

著者🐾井上理津子（いのうえ・りつこ）

1955年奈良市生まれ。タウン誌記者を経てフリーに。主に人物ルポや葬送文化、本屋をテーマに執筆。著書に『大阪 下町酒場列伝』『さいごの色街 飛田』『葬送の仕事師たち』『すごい古書店 変な図書館』『親を送る』『遊廓の産院から』などがある。

協力🐾安村正也（やすむら・まさや）

1968年大阪府生まれ岡山県育ち。Cat's Meow Books店主。本を紹介するゲーム「ビブリオバトル」の世界ではレジェンド的存在。

夢《ゆめ》の猫本屋《ねこほんや》ができるまで Cat's Meow Books《キャッツ ミャウ ブックス》

2018年7月30日　第1刷発行
2022年12月6日　第2刷発行

著者　井上理津子《いのうえりつこ》

発行者　遅塚久美子

発行所　株式会社ホーム社
〒101-0051 東京都千代田区神田神保町3-29 共同ビル
電話　編集部　03-5211-2966

発売元　株式会社集英社
〒101-8050　東京都千代田区一ツ橋2-5-10
電話　販売部　03-3230-6393（書店専用）
読者係　03-3230-6080

印刷所　凸版印刷株式会社
製本所　凸版印刷株式会社

ISBN978-4-8342-5320-7 C0095